中国共产党诞生地
出版工程

龙华英烈画传系列丛书

陈乔年画传

中共上海市委党史研究室　龙华烈士纪念馆　编

刘玉杰　著

上海人民出版社

龙华英烈画传系列丛书编委会

主　任：严爱云

副主任：曹力奋　王为松

编　委：薛　峰　年士萍　吴海勇　邹　强

出版说明

　　2021 年是中国共产党成立 100 周年，为回望早期中国共产党人"革命理想高于天"的信仰力量、艰苦卓绝的开拓斗争、舍生取义的无畏牺牲，从中汲取继续奋进的强大精神力量，由中共上海市委宣传部组织，中共上海市委党史研究室、龙华烈士纪念馆编写龙华英烈画传系列丛书，致敬为真理上下求索、为信仰奋斗牺牲的革命先驱们。

　　上海市龙华烈士陵园（龙华烈士纪念馆）是国民革命、土地革命时期著名英烈人物最为集中的纪念地。在新中国成立前中国共产党产生了 171 位中央委员，其中有 42 人牺牲，在龙华牺牲了 7 位，占六分之一；首届中共中央监察委委员 10 人中有 8 人牺牲，在龙华牺牲了 4 位，占二分之一；其他曾在龙华被押过的革命者更是数以千计。丛书首批选取 11 位英烈，按照其生平脉络，选取若干重要历史事件，配以反映历史背景、切合主题内容、延伸相关阅读的丰富历史图片，以图文并茂的方式叙写龙华英烈们在风雨如晦中筚路蓝缕的艰难寻路、为中国革命披肝沥胆的无畏与牺牲，彰显早期中国共产党人实现救国、救民的初心。

丛书所收录的图片和史料多源自各兄弟省市党史研究室、纪念场馆，以及中共上海市委党史研究室、龙华烈士纪念馆等机构的公开出版物及展陈，或源自英烈后代的珍藏。基本采用历史事件发生时期的老照片，但由于年代久远且条件有限，部分无法直接利用的老照片，或进行必要修复，或通过对现存史料进行考证后重新拍摄。

丛书反映内容跨度长、涉及面广、信息量大且年代久远，编写人员虽竭尽全力，但不足和疏漏之处在所难免，敬请广大读者批评指正。

目 录

一

一

安庆世家　年少气高

CHEN QIAONIAN

书香世家的童年

　　陈乔年，1902 年生于今天的安徽安庆，过去属于怀宁，所以很多地方沿用籍贯怀宁的说法。据陈氏族谱，到陈乔年这一辈，家族已在这里生息繁衍了二十世。在封建社会，虽然家族中不乏勤劳智慧之人，也有读书传统，但很长一段时间，陈家并没有人在科举上取得显著功名，更少有人走上仕途。所以，他的父亲陈独秀在自传中说"我们这一门姓陈的，在怀宁本是一个小户人家，绅士们向来是瞧不起的"。

　　陈乔年的祖父、祖母，在陈乔年出生前都已去世。祖父陈衍

陈乔年

陈独秀（1879—1942），安徽怀宁（今安庆）人，中国共产党的主要创始人之一

中，曾考中秀才，但主要以教书为生，最后通过向清政府捐纳钱物这一途径，取得一个"府经历"的职位，被安排到江苏，曾在衙门里做过管理出纳文书事务的小官，去世时仅有三十四岁。祖父陈衍中育有两儿两女，去世时最小的儿子不满二周岁。祖父有一个弟弟叫陈衍庶，一直没有子嗣。于是，家族中就将那个最小的孩子陈庆同（即陈独秀）过继到陈衍庶名下。以后，陈衍庶就成了陈乔年的嗣祖父。

陈家兴旺发达起来，是从陈乔年祖父辈开始的。嗣祖父陈衍庶生于1851年，在科举道路上走得比较顺畅，1875年中了举人，此后仕途顺利。在清末的光绪年间，他先是在山东治理黄河

陈乔年的嗣祖父陈衍庶（字昔凡）

有功，后又调往东北，在怀德、柳河、新民等多地为官，最终做到了道员（亦称"道台"），为官生涯二三十年。陈乔年出生后的第二年，陈衍庶就出任了新民府的知府。当时邻近奉天府（今沈阳）的新民地区在东北位置重要，陈衍庶任知府的前一年，清政府将地方管理机构由"新民厅"升为"新民府"，那时刚被清政府招抚不久的张作霖就在新民府下面的游击马队营任职。

不仅如此，陈乔年这位"放了道台"的嗣祖父陈衍庶在忙于官务外，还倾心书画，是清末有名气的书画家。他推崇前辈书画家邓石如、刘石庵、王石谷、沈石田等人，将自己的书斋取名为"四石师斋"，晚年又学汉隶。黄宾虹在《近数十年画者评》一文

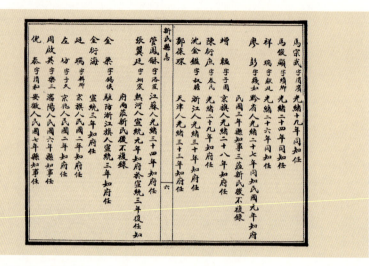

新氏燕志

馬宗武字清漢光緒十九年同知住
馬俊顯字續所光緒二十四年同知住
祥彭瑞字猷处光緒二十六年同知住
廖彭字殘知黔府人光緒二十七年同知及民國九年知府
增繼字子國京旗人光緒二十八年知府住民國三年離知事三蒞新氏廢不復錄
陳衍庶字昼凡光緒二十九年知府住
沈金鑑字叔蔭浙江人光緒三十年知府住
郵像琛天津人光緒三十三年知府住

管鳳錄字洛笙江蘇人光緒三十四年知府住
張翼廷字州辰熱河人宣統九年知府芥宣統三年復住知
府內藏新氏廢不複錄
金桼宇鵲俠駐防浙江旗人宣統三年知府住
金衍海京旗人民國二年知府住
左坊宇天京兆人民國二年知府住
廷瑞字弉所宣統三年知府住
周啟英字樂三潘陽人民國六年離知事住
優泰宇清和安徽人民國七年離知事住

1926年刊印的《新民县志》中关于陈衍庶任职的记载

中，就把他与同时代安徽籍书画家姜筠（姜颖生）相提并论。而陈家与姜家也是姻亲。陈衍庶提携过的年轻人如潘强斋（潘勖）、萧谦中（萧逊）后来在篆刻、书画方面都成为名家。

陈家的经济状况越来越好，通过不断的买田、置地、做生意，积累了大量的财富。鼎盛时，陈家在安庆南水关自建了带前后花园的"陈家大洋房子"，周边还有若干平房。除安庆市内十来家铺面用于对外出租，每月收取租金外，还在各地置办了产业，包括：在东北彰武县有二百亩左右土地；在北京琉璃厂开设了一家叫"崇古斋"的古玩铺，仅开办时就投入白银一万两；在安徽贵池县有八百亩左右土地……这些土地、商业的盈利收入，除供全家人生活，接济族中亲友外，相当大的盈余都被陈衍庶用去继续收藏古玩字画。

陈乔年的母亲高氏，籍贯安徽霍邱。1897年陈独秀考中秀才后，安庆本地就有人家托人提亲。最终，同朝为官的陈家与高家成了亲家。陈乔年的外祖父高登科，曾因军功被清政府赏赐黄马褂，清末做过游击、统领，最后官至副将。虽出身将门，但高氏是一位普通的旧氏女子，善良温和且认命，终生朴素，孝敬公婆，疼爱子女。陈乔年是陈独秀与高氏的第三个孩子，前面有大哥陈延年、大姐陈玉莹，后面有弟弟陈松年。因在大家族同辈中

安庆市"陈延年、陈乔年读书处"的文物标志

陈乔年、陈延年曾使用过的墨和笔筒，现存中共四大纪念馆

排行第五，所以陈乔年也叫"小五子"。

陈乔年的嗣祖母谢氏（陈衍庶之妻）精明、能干，为人慷慨，是家庭的主心骨，家里很多事都由她具体执掌。陈乔年在生活中一直以祖母相称。在一个几代人、几房人一起生活的大家庭里，虽然父亲陈独秀因参与进步活动而很少顾家，嗣祖父陈衍庶又远在东北做官，但有一位有魄力有权威的嗣祖母掌管着大小事宜，有母亲，有哥哥、姐姐，有诸多亲友，陈乔年的童年生活是幸福的。陈乔年自幼皮肤白皙，性格开朗，喜欢说笑打闹。他小时候的玩伴陈遐文曾回忆说：

说起小五子，我们还在一起玩过。那时我已十五六岁。乡里孩子，插田忙，平时没得空上街，只有送东西到他家歇

一、两夜，跟小五子在一起玩玩。小五子很调皮，欢喜唱戏，他有一套唱戏的家伙，有宝剑，有胡子，还有一大挂白胡子。他教我唱古戏，唱杨家戏，唱薛家戏。他穿个小马褂，把刀挂在身上，唱伍子胥过关噜，嘿嘿！先带黑胡子，末后再换白胡子。他说伍子胥不得过关，一夜把胡子急白着嘛！

安庆城埋下进步的种子

安庆交通便捷，地处要津，素有"万里长江此封喉，吴楚分疆第一州"的美誉。从清乾隆年间到民国时期，安庆长期是安徽的省会，是安徽政治、经济、文化中心。早在1861年，曾国藩在此地创办了安庆内军械所，开始制造轮船、军械。安庆

安庆人文荟萃，人杰地灵。图为安庆地标建筑振风塔，远处为长江大桥

徐锡麟（1873—1907），浙江山阴（今绍兴）人。1906年任安徽巡警处会办兼巡警学堂监督。1907年在安庆发动巡警学堂起义，失败后英勇就义

熊成基（1887—1910），江苏甘泉（今扬州）人。1908年领导发动安庆马炮营起义

安庆藏书楼旧址。陈独秀、潘赞化等人曾在此发表爱国演说

1904年，陈独秀与他人创办了《安徽俗话报》，其宗旨是批评时事，开通民智，向皖人介绍新知识、新思想。图为《安徽俗话报》的封面

柏文蔚（1876—1947），安徽寿县人。1913年参与发动"二次革命"，被推举为安徽讨袁军总司令

成为近代中国工业的发祥地之一。陈乔年出生的1902年，清政府又与英国签订了《中英续议通商行船条约》，开放安庆为通商口岸。

七岁开始，陈乔年在家中私塾读书。辛亥革命后，1912年，十岁的陈乔年进入当时安庆的安徽省立第一中学。由于聪明好学，加上长辈们指导有方，十多岁时他的文才已经很好了。

在陈乔年的成长过程中，安庆地区发生了许多志士仁人为反抗黑暗社会而进行的斗争，不断启迪和激励着他，使他逐步树立改造社会、救国救民的志向。1907年，安徽巡警处会办兼巡警学堂监督徐锡麟，趁巡警学堂举行学生毕业典礼时，率领警校学生起义，失败被捕后慷慨就义，惨状洞心骇耳，至今让人钦佩不已。1908年，安庆的熊成基、范传甲等人趁清政府在太湖举行新军秋操，清军兵力空虚之际，再举革命大旗，发动新军马营（骑兵）和炮营起义，围攻安庆城。

陈乔年的父亲陈独秀很早就从事进步活动。安庆地区的"康党""乱党""革命党"大多都与他有各种关联。早在陈乔年出生的那一年，陈独秀就因为发表救国演说为清政府当局不容而于当年秋天再次赴日本留学。此后，陈独秀在安徽创办了《安徽俗话报》，组织反清秘密组织"岳王会"等。

辛亥革命后，陈独秀先后在安徽都督孙毓筠、柏文蔚那里任职。袁世凯就任大总统后，窃取革命成果，倒行逆施，派人刺杀了宋教仁。孙中山等革命派认清袁世凯面目，在全国发动了讨伐袁世凯的"二次革命"。期间陈独秀协助柏文蔚在安徽制定讨袁计划，并起草《独立宣言》。然而由于力量悬殊和革命派本身的许多弱点，"二次革命"很快就失败了。

"二次革命"失败后，袁世凯的爪牙倪嗣冲进踞安庆，发出通告，捉拿安徽的革命党人。陈独秀被列为第一名要犯。陈独秀提前得到消息逃至上海。倪嗣冲没有抓到陈独秀，气急败坏下就

宋教仁（1882—1913），湖南常德人。1913
年3月20日在上海遇刺，后不治身亡

抄了陈家，不仅把很多财物抄走，而且扬言斩草除根，捉拿陈独
秀的儿子。当时情形非常危急，陈乔年与哥哥险些被捕，被迫翻
墙逃跑，在乡下亲戚家中躲避了好几天，直到风波过去，家里派
人来找他们。陈乔年的堂兄陈永年还一度被捕。

就在同一年，陈乔年的嗣祖父陈衍庶，这位曾经给家族带来
荣耀的老人，也在郁郁中去世。此前，陈衍庶到杭州与官场的老
友浙江巡抚增韫（增子固）等人合伙做东北大豆生意。在注册成
立浙江益大公司时，陈衍庶用部分家产作了信用担保。不久，浙
江益大公司陷入与洋商上海怡德英行之间的合同纠纷。官司从清

末一直纠缠到民国。当时中国在国际上处于弱势地位，洋商强词夺理，玩弄规则，并通过英国驻华使节施压民国政府的外交部，终致益大公司破产。为了赔偿，陈家只得变卖部分家产。陈衍庶自叹不懂洋文，受人愚弄，遂忧愤成疾。

军阀抄家时，陈乔年嗣祖父的灵柩还停放在家里，嗣祖母经过这次刺激后也生了一场大病。十一二岁的陈乔年也许还不懂什么是政治，什么是革命，但家里遭难的情形无疑会在他头脑中留下极其深刻的印象。对军阀残暴和洋商狡诈的耳闻目睹，唤起他脱离旧营垒，为国家和民族寻找出路的觉悟和决心。

|二|

追寻真理　远渡重洋

少年离家　求学京沪

抄家风波过后，陈乔年从乡下回到安庆城的家中。但因军阀倪嗣冲依旧霸占着安徽，依靠豪绅横征暴敛，压榨民众，所以陈家并未获得真正的安全，危机随时会降临。

此时，他们的父亲陈独秀躲在上海。革命处于低潮，父亲陈独秀只能靠写作卖文为生，凭借自己的知识和兴趣，埋头编纂起了文字学的《字义类例》，还出版过一本英语教科书。但是写出来的东西要么一时不能出版，要么销路不好，最后只能"静待饿死而已"。在寂寞困顿中，1914年夏，陈独秀再次东渡日本，帮助章士钊编辑《甲寅杂志》。在父亲自顾不暇的情况下，陈乔年和哥哥陈延年在嗣祖母谢氏的主持下从安庆来到北京。嗣祖父陈衍庶去世后，北京琉璃厂的古玩店"崇古斋"成了家中尚存的几处主要资产之一。

从十二岁到十四岁，陈乔年在北京生活了三年时间。为继续学业，他在家人安排下进了一所天主教堂开设的法文学校读书。为什么选择法语，可能是得到父亲的指点。他们的父亲陈独秀这次到日本后也在东京雅典娜法语学校研习起了法文。父子同时作出一样的选择看来不是机缘巧合。

1915年6月，陈独秀从日本回到上海后，办起了《新青年》（初名《青年杂志》）。1916年11月，父亲陈独秀为了亚东图书馆

1915 年 9 月，《青年杂志》在上海创刊。次年 9 月，第 2 卷第 1 号改称《新青年》。杂志封面的 "LA JEUNESSE" 就是法语 "青年"

和群益书社合并改公司事宜曾前往北京出差。是否与父亲同行回到上海已不得而知。但之后，陈乔年和哥哥从北京来到上海。在北京时，由家中的祖母负责供给各种费用，到上海后，则转由父亲供给生活费。

父亲陈独秀与常人不同，有自己的教育思想。他公开批判旧教育制度，批评"只知道咿咿呜呜摇头摆脑的读书"人，认为这样的教育最多不过把青年培育成无用的"斯斯文文一白面书生"。他相信孩子只有在艰苦的生活中才能得到锻炼，才能有所作为，反对对孩子的溺爱到了严苛的程度，决意按照自己的方法把陈乔年弟兄俩培育成可担负救国救民重任的新青年。

在父亲陈独秀的执意下，于是就出现了下面的情形。在上海，陈独秀和第二任妻子高君曼住在一起，居住条件不错。但他不允许陈乔年弟兄俩在家里居住，而是让弟兄俩在外面租住，自行料理生活，解决吃饭、穿衣等问题。刚到上海时，陈乔年只有十四五岁，哥哥延年也只有十八九岁。高君曼觉得让陈乔年弟兄俩在外面生活太艰苦，多次恳求陈独秀让他们俩回家居住，身边的朋友也好言相劝，但陈独秀还是坚决不同意，认为这都是"妇人之仁"，对孩子的成长没有一点好处，"少年人生，听他自创前途可也"。

陈乔年到上海后不久，1917 年 1 月，陈独秀就应蔡元培之聘赴北京大学任文科学长，不久之后高君曼也去了北京。这样一来，陈乔年与哥哥陈延年就完全开启了在上海的独立生活。多年以后，知情人潘赞化回忆说：

> 他俩兄弟寄宿于《新青年》杂志发行所（四马路亚东图书馆）店堂地板上，白天则在外工作，谋生自给，食则伧饼，饮则自来水，冬乃衣裕，夏不张盖，日与工人同作工，故颜色焦枯，人多惜之。

陈独秀在北京大学任职时月薪有三百元，但陈独秀长期以来

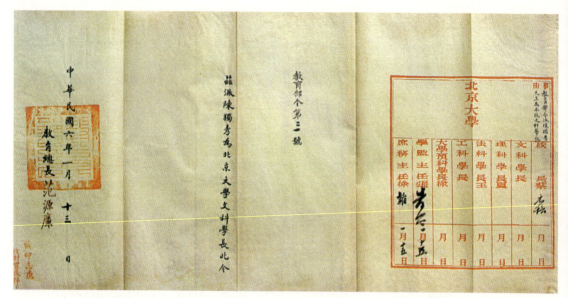

陈独秀任北京大学文科学长的任命书

只给弟兄俩基本的生活费，对其他事则很少过问。据汪原放回忆，陈独秀去北京后，每月只给陈乔年弟兄俩每人五元，而且要他们按月到亚东图书馆领取。当时他们还在学校读书，到亚东图书馆领钱，陈乔年去的次数多，陈延年去得少，即使一起，往往也是乔年到店拿钱，延年等在弄堂口。陈乔年经常穿着颜色洗得发白的蓝色粗布长衫。有一次汪原放想留他吃饭，陈乔年却不肯，说回学校吃方便。汪原放问他平时在学校吃什么？陈乔年风趣地说"啃上几块面包，如果塞住了，就浇上一点自来水，还不行的话，再加上一点盐"。

本来陈乔年对父亲陈独秀的印象就不亲切。自从他记事起，父亲就经常在外，极少顾家。在他七八岁的时候，父亲又因与高君曼的婚事，遭到家人反对。到上海后，父亲又是这样一副冷的面孔。所以很长一段时间内父子间都有隔阂。陈乔年对父亲的所作所为也不认可。对已担任北京大学文科学长的父亲，陈乔年和哥哥"极不以为然"，"常向人言，其父名为新文学院长，实则去作旧官僚耳"。若干年后，当陈乔年二十多岁时，对父亲的这种评价依旧没有变，还是认为父亲只不过是"过去曾充教授"。

严苛的生活丝毫没改变陈乔年开朗而乐观的性格。他为人十分热情，做事也很勤快。每次去亚东图书馆总要帮助店里打包、送书、站柜台、开发票、打邮包等，不管什么活都干。时间不长，他就同亚东图书馆的职工们混熟了，职工们也都喜欢他。有一次他帮店里打包书籍，因干得十分起劲，一下子竟把自己的裤带崩断了。他随手拣起一根打包用的麻绳熟练地搓几下，便往腰里一束，代替崩断的裤带。他一边束一边说"这可比裤带牢得多啦！"把大家逗得哈哈大笑。

陈乔年的嗣祖母谢氏非常疼爱陈乔年弟兄俩。据说，陈家当时在上海仍开有一家金店，嗣祖母每年正月和家中管事人员到上海盘点营业情况时，总要派人四处找到他们，看到他们衣着破

殖民者在上海开设跑马厅、跑狗场，以赛马、跑狗的形式进行赌博，搜刮钱财。
图为法国人开设的跑狗场（今文化广场）跑狗情形

图为英国人开设的跑马厅（今人民广场）赛马情形

旧，脸色憔悴，不禁要伤心落泪。嗣祖母准备给他们添置服装和用具，送生活费，但他们都不愿过多地依赖家庭。

陈乔年到上海以后，在"十里洋场"目睹了比安庆故乡更多的丑恶现象，帝国主义强盗的飞扬跋扈，买办洋奴的奴颜媚骨，剥削阶级的穷奢极欲，劳动人民的贫穷痛苦。所有这一切，使他对社会的黑暗有了更加深刻的认识，激起了他对现实生活更加强烈的不满，并促使他更加努力地探求改造社会的真理。

经过几年的磨炼和成长，十七八岁的陈乔年已初步有了不怕牺牲的精神。1919年6月11日晚，陈独秀在北京新世界游艺场散发《北京市民宣言》时，被军阀政府控制的京师警厅认定为"以印刷物品传播过激主义，煽惑工人"，遭拘禁三个多月。军阀政府逮捕陈独秀，引起全国震惊。各地大报连续追踪报道，全国各界爱国人士和许多团体纷纷为营救陈独秀奔走说项。但当人问及陈乔年弟兄俩的时候，他们表现得"意甚淡然"，认为"危险乃意中事，亦分内事。志士仁人，求此机会作光荣之牺牲而不可得，有何恐怖之可言？"即使牺牲了也不过"中国失去一有学识之人"。小小年纪就有如此精神，让人惊叹不已。

新思潮中的探索

从十五岁到十七岁，陈乔年在上海求学的几年，刚好赶上新

五四前后，在上海出版和发行的部分进步书刊

文化运动的蓬勃兴起，各种新思想纷至沓来，猛烈冲击着几千年来在中国占统治地位的旧思想，对成千上万探求真理的青年学子产生了巨大影响。为寻找改造社会，改造中国的真理，陈乔年在上海如饥似渴地阅读各种新书刊，研究各种新思潮。

新思潮来势汹涌，难免泥沙俱下。当时被当作新思潮传播的社会主义学说十分庞杂，既有马克思主义的科学社会主义，又有各种各样被称为"社会主义"的资产阶级和小资产阶级的思想流派。二十世纪初，无政府主义学说通过留学生和进步人士介绍到国内来。无政府主义虽然与马克思主义有区别，但作为广义的社会主义范畴，对当时寻求改造社会新方案的仁人志士产生了极大吸引力，在诸多思潮中一度占据优势，比马克思主义的传播也占先了一步。在我国早期的共产主义的知识分子中，许多人都一度倾向于无政府主义。无政府主义是陈乔年走上科学社会主义的旅程中经历过的一个中间环节。

上海当时是无政府主义的重要阵地。陈乔年在这里可以很方便地阅读到大量无政府主义著作。他和哥哥陈延年与活跃在上海的无政府主义者往来密切，并参加了无政府主义团体的活动。郑佩刚回忆说：当时陈乔年弟兄俩住在上海成都路安乐里的一个亭子间内。他和陈氏弟兄于1918年冬，在一个下雪天的晚上一见如故，此后几乎每天都见面。弟兄俩法语很好，郑佩刚将无政府

亚东图书馆的前身可以追溯到芜湖的科学图书社，是在陈独秀提议下由汪孟邹创立。图为亚东图书馆所在地周边今貌（今上海广东路近河南中路西北一带）

主义前辈刘师复遗留下来的很多法语版本的书籍拿来，让弟兄俩帮忙翻译成中文，准备出版。

因遭北洋军阀政府查禁，全国各地一些进步的无政府主义团体处于瓦解状态，许多刊物如民生社的《民声》、实社的《自由录》、平社的《太平》、群社的《人群》也相继停刊。为统一组织，加强力量，陈乔年的哥哥陈延年与黄凌霜、郑佩刚等人联合起来，在1919年1月公开发起成立了进化社，统一出版刊物《进化》。陈乔年积极参与进化社的活动，并联络亚东图书馆等单位，帮助代售刊物。为躲避查禁，他们在向各地邮递刊物时在标签上故意用一些通俗刊物的名称来伪装。《进化》的销路很好，每期都很快售罄，但是也引起了租界当局的注意。五月的一天，租界的巡捕带人将亚东图书馆负责人汪孟邹和泰东书局负责人赵南公都抓了去，罪名就是为无政府党人推销书刊。后来，两家店被迫缴纳了罚款。陈乔年的朋友郑佩刚则被租界逮捕后判处六个月徒刑。之后，陈乔年和哥哥陈延年不仅全部担负起了进化社事务，还主动照料郑佩刚的家人。

经过五四运动的洗礼，绝大多数进步青年有了一种对社会主义的朦胧向往。但此时他们对各种社会主义学说的了解，还如同"隔着窗纱看晓雾"，并不十分清晰。受"工读""互助"思潮影响，1919 年底，北京、上海、广州、天津、南京、武汉、长沙的一些进步青年曾兴起工读互助主义的实验活动，期望建立和达到"人人做工，人人读书，各尽所能，各取所需"的理想社会。据夏之栩回忆：陈乔年也曾拒绝家里的经济接济，离开学校，与一些进步青年组织起来，实行半工半读，自给自学。为了解劳动者的生活和团结他们，他与哥哥陈延年还帮助黄包车工人拉车，同工人交朋友。但是，仅仅经过几个月的时间，全国各地的工读互助团就先后宣告失败了。

留法勤工俭学

1919 年下半年，留法勤工俭学运动在全国进入高潮。最早倡导这个运动的是蔡元培、李石曾等人，他们以"勤于做工，俭以求学"为号召，受到国内大批欲出国留学却又苦于无法筹集昂贵学费的青年学子欢迎。勤工俭学运动的组织者中有很多人当时信奉无政府主义，他们与陈乔年弟兄俩的关系很密切，加之弟兄俩本来学的就是法文，自然也被留法勤工俭学倡议所吸引。因此，陈乔年和哥哥下定决心一起赴法。

为更好地适应国外的生活，在候船出国期间，陈乔年还非常认真地向好友汪原放学起了英语。起初他们每天早上在渔阳里互教互学，后来汪原放搬回五马路的亚东图书馆，陈乔年就一大早赶到那里。由于陈乔年有一定的法语基础，记忆力又好，进步很快。汪原放回忆说：

> 有一天，乔年又来了，说："我要走了，动身了，到法国去。你瞧。"他把脚抬起来给我看，是雪亮放光的皮鞋。我说："不怪哩，一新到底了。"后来谈到衣着都是由廖仲恺先生那里一道发的。

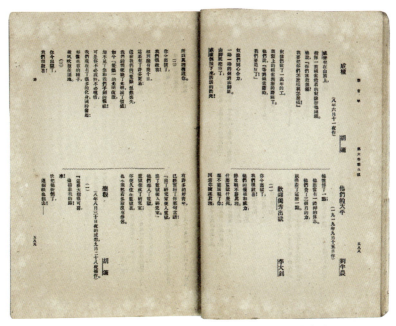

《新青年》第 6 卷第 6 号发表李大钊的白话诗《欢迎陈独秀出狱》

　　陈乔年和哥哥准备赴法，他们的父亲陈独秀并没有帮上什么大忙。陈独秀于 1919 年 6 月 11 日在北京被捕入狱后，到 9 月 16 日才获保释出狱。出狱后的陈独秀开始没有把军阀警厅监视当回事，忙于西南大学的筹办，并在武汉接连发表讲演，直到引起当局再次"关照"，回到北京后，才知道大事不好。1920 年 2 月，陈独秀在李大钊护送下，离开北京，经天津回到上海。这时陈乔年已到达法国。

为推荐陈乔年、陈延年等赴法勤工俭学，吴稚晖写给上海华法教育会干事沈仲俊的信

上海华法教育会干事沈仲俊

陈乔年准备赴法时，刚好华法教育会修订了赴法的条件，其中要求"自备三百元路费及一百元留法生活费"。四百元钱，在当时是一笔不小的数目。这笔费用，陈乔年和哥哥陈延年一时间很难筹齐。在这样的情况下，帮助陈乔年赴法意愿实现的是他们的朋友。想要获得赴法的名额，除去参加各地留法预备学校或由地方政府选送外，当时由社会名流、官员或华法教育会中的相关负责人以私人名义推荐也是一种很常见的途径。此时信仰无政府主义的吴稚晖还是民主进步人士，得到一部分年轻人的认可。吴稚晖写信给上海华法教育会的负责人沈仲俊，请他协助安排陈乔年等人赴法，并在经费事宜上给予通融。

勤工俭学生内部有官费生、俭学生和勤工生等区别。陈乔年非由地方政府选送、是自费自愿赴法的。与须尽快做工赚取生活费的勤工生不同，作为俭学生，在做工或求学上有更多自由选择余地

在长达两年的留法勤工俭学高潮期间，有限的船期都被安排得很满。据统计，1919 年 3 月至 1920 年 12 月，先后有二十批近两千名中国学生到达法国。本来陈乔年和哥哥计划乘坐 12 月初的"司芬克斯号"邮船，但是最终乘坐了 12 月 25 日的"盎特莱蓬号"，于下午一点在上海杨树浦黄浦码头启航。这一届同学中有蔡和森、蔡畅、向警予等人。当天出发时情形，1919 年 12 月 26 日《时报》刊登了一条新闻：

> 昨日（二十五日）法国邮船公司央脱来蓬船，于下午一时在杨树浦黄浦码头启碇，乘斯船出发之留法勤工俭学生有三十余人，均乘四等舱位（舱在船头下层）。内有湖南女生蔡葛健豪、蔡畅、向警予、李志新、熊季光、萧淑良六人系乘三等舱位。赴埠送行者，有聂云台君及留法俭学会沈仲俊君，全国各界联合会刘清扬女士，寰球中国学生会吴敏於君等数十人云。

大致经香港、西贡、新加坡、科伦坡、吉布提、苏伊士运河航线的三十五天航行后，陈乔年等人于 1920 年 1 月 28 日抵达位于地中海的法国南部港口城市马赛。在马赛稍作停留，后转乘火车于 2 月 3 日抵达巴黎。在华法教育会的统一安排下，陈乔年等

André Lebon.
PAQUEBOT POSTE DES MESSAGERIES MARITIMES.
陈乔年等勤工俭学生赴法乘坐的“盎特莱蓬号”邮轮

批次	从上海起程日期	船　　名	人数	抵法日期及地点
1	1919 年 3 月 17 日	因幡丸(日)	89	1919 年 5 月 10 日
2	1919 年 3 月 31 日	贺茂丸(日)	26	1919 年 5 月 20 日
3	1919 年 4 月 14 日	伊豫丸(日)	2	1919 年 6 月 6 日
4	1919 年 7 月 13 日	三岛丸(日)	57	1919 年 9 月 2 日
5	1919 年 8 月 14 日	麦浪号(法)	78	1919 年 10 月 10 日
6	1919 年 8 月 25 日	盎特莱蓬号(法)	54	1919 年 10 月 1 日
7	1919 年 9 月 29 日	博尔多斯号(法)	9	1919 年 11 月 12 日
8	1919 年 10 月 16 日	渥隆号(美)	48	1919 年 11 月 25 日
9	1919 年 10 月 31 日	宝勒加号(法)	207	1919 年 12 月 7 日
10	1919 年 11 月 22 日	勒苏斯号(英)	40	1920 年 1 月 23 日
11	1919 年 12 月 9 日	司芬克斯号(法)	158	1920 年 1 月 14 日
12	1919 年 12 月 25 日	盎特莱蓬号(法)	92	1920 年 1 月 28 日
13	1920 年 2 月 15 日	博尔多斯号(法)	55	1920 年 3 月 25 日
14	1920 年 4 月 1 日	宝勒加号(法)	110	1920 年 5 月 7 日
15	1920 年 5 月 9 日	阿尔芒勃西号(法)	126	1920 年 6 月 15 日
16	1920 年 6 月 25 日	博尔多斯号(法)	220	1920 年 8 月 4 日
17	1920 年 9 月 11 日	盎特莱蓬号(法)	89	1920 年 10 月 19 日
18	1920 年 11 月 7 日	博尔多斯号(法)	197	1920 年 12 月 13 日
19	1920 年 11 月 24 日	高尔埃地号(法)	22	1920 年 12 月 27 日
20	1920 年 12 月 15 日	智　利　号(法)	134	1921 年 1 月 20 日

关于赴法勤工俭学生的不完全统计

蔡和森（1895—1931），湖南双峰人　　向警予（1895—1928），湖南溆浦人

人开始了勤工俭学生活。

　　刚到巴黎没几天，2月18日，陈乔年的哥哥陈延年就写信给国内的朋友丁肇青（丁雄东）介绍他们在法国勤工俭学的情况。信中提到：在巴黎大学附设的一所学校学习文学、历史、地理、法国文明史等课程，由巴黎大学的教授兼职授课，学期长短视学生情况而定，学费每季二百五十法郎。学校不提供住宿，他们以每月一百二十法郎的价格在凯旋门附近的哥伯凡街三十二号租了一间楼房。为节省开支，利用房内原有的瓦斯炉自己做饭吃。勤

工俭学生中的俭学生，在做工或求学上有较大的自由选择余地。所以作为俭学生，起初他们还曾考虑过在法国学习一段基础课程后，报考巴黎大学，接受正规的大学教育。

留法勤工俭学运动荟萃了身份、年龄、学历各不相同的人士，中间以青年学生为主体，普通中学毕业、肄业生人数最多。部分人到法国后，不能完全了解勤工俭学的真精神，而又有虚荣心从中作梗，只会夸夸其谈而不刻苦用功。在信中，陈延年批评了在法国见到的中国留学生种种怪状：一部分留学生虽然嘴上谈论科学，但只知道一些工业、农业方面的门面语，对于科学自身的价值和真正方法一无所知；一部分留学生写文章在旅法华工中进行宣传，但文章确系从国内刊物抄袭来的，毫无自己观点；一部分留学生忙于崇拜陈独秀、胡适等新文化运动的领袖，甚至编造与他们有交往的故事来抬高自己……这些现象让一部分有觉悟的留法勤工俭学生很失望。

在巴黎生活、学习一段时间后，同年，陈乔年来到位于法国西南的小城圣梅克桑读书，但是仅读了一年左右的时间，未毕业就离开了学校。据汪原放回忆：在法期间，陈乔年还曾到法国里昂一家工厂里当翻砂工。当时，正处于第一次世界大战后，法国经济不景气，开工不足，失业人口增加，因此厂方用明信片之类的实物冲抵部分工资。陈乔年将部分明信片寄回国内，委托亚东

MARSEILLE - Quai des Belges

法国南部港口城市——马赛，绝大多数勤工俭学生都是从这里进入法国

巴黎华侨协社——勤工俭学生
初到法国时的主要聚集地

陈乔年画传

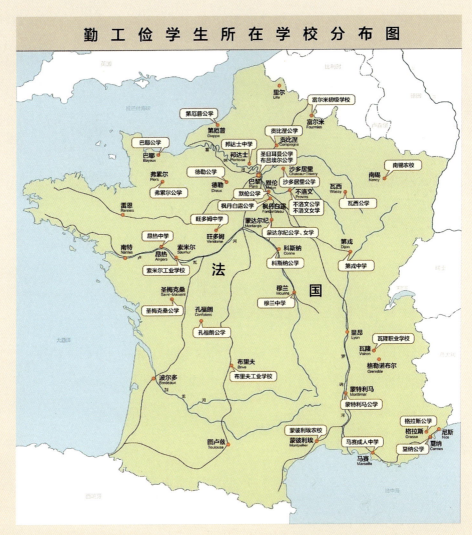

勤 工 俭 学 生 所 在 学 校 分 布 图

留法勤工俭学生学校分布图。1920 年到 1921 年陈乔年在法国圣梅克桑公学读书，但未毕业

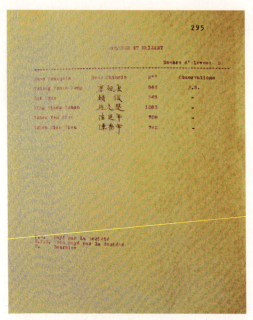

关于陈乔年在圣梅克桑公学读书的材料，现存法国外交部档案馆

图书馆的汪原放出售。汪原放将销售收入再汇给他。期间，陈乔年还和哥哥在巴黎经营中国书报社，销售进步刊物。

三

思想飞跃　投身革命

与无政府主义决裂

1920 年，十八岁的陈乔年开启留法勤工俭学生活之时，国内也发生了具有划时代意义的大事——他的父亲陈独秀与李大钊开始酝酿和准备建立共产党。6 月，在中国工人阶级最密集的中心城市——上海，以上海马克思主义研究会为基础，中国共产党发起组在老渔阳里 2 号陈独秀寓所内成立。8 月，正式定名为共产党。各地共产党早期组织建立后，有计划、有组织地研究和宣传马克思主义，批判各种反马克思主义思潮。

无政府主义者在揭露和批判封建军阀的专治统治方面，曾起到一定的积极作用。但是，他们反对一切国家和一切权威，鼓吹个人绝对自由。随着十月革命影响的扩大和马克思主义在中国的进一步传播，部分无政府主义者开始攻击马克思主义国家学说和俄国的无产阶级专政。在中国共产党成立前后，马克思主义者围绕革命的形式、国家的本质等问题，对无政府主义进行了严肃的批判。9 月，陈独秀在《新青年》第 8 卷第 1 号上发表长篇论文《谈政治》，率先对无政府主义展开批判。

陈乔年到法国后，仍然倾向无政府主义，加入了旅法中国无政府主义同志会。陈独秀虽然对他弟兄俩的生活不是很关心，但对他们的思想状况是关切的。这年 6 月，陈公培赴法勤工俭学，

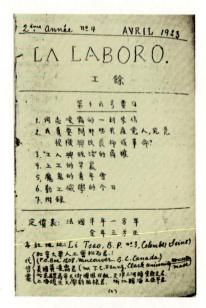

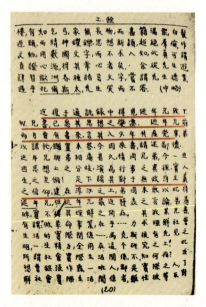

无政府主义者编辑的《工余》杂志　　　《工余》关于陈乔年弟兄俩思想转变
　　　　　　　　　　　　　　　　　　　　的记载

随身携带一份陈独秀草拟的党纲。据陈公培回忆，陈独秀还写了
一封介绍信给他，介绍给他的两个儿子：

　　一九二〇年秋我到法国时，刚巧华法教育会派陈延年到
码头来迎接我们这一批勤工俭学生，当时陈延年、陈乔年两
弟兄，倾向无政府主义，当我出示陈独秀的介绍信时，他
说："独秀那个人，你别理他！"大概是对陈独秀在国内筹备

组织共产党一事，表示不满。

此时，无政府主义思潮在留法勤工俭学生中方兴未艾。陈乔年对来自父亲的"教导"不以为然，思想上并没有马上转为共产主义者。此后，1921年秋，陈乔年、陈延年还与华林、李卓等留法勤工俭学生中的无政府主义者在法国巴黎成立了无政府主义的团体——工余社。次年1月15日，又创办了《工余》月刊。《工余》一度受到了勤工俭学生和华工的欢迎，在美国、加拿大、北京、上海等地都有代售处。

1920年下半年，受法国国内经济危机影响，留法勤工俭学运动开始陷入困境。图为国内报纸的相关报道

通告二

元培前以学生事务部组织不良，应另行组织，兹于
十二日通告未明此意，兹再布告诸君如左：本月
办理各俭学会或勤工俭学会事务，今由本会负责
新设补俭办公处，而在本会方面自愿合作
空之数甚巨，不能尽人人入款而给之，所有时而需
内告费之学生，本日起即已极艰难，惟有
遍告诸君，事关教育与勤工俭学生上既用一
切经济上之责任只负精神工之维持俭学生反勤
诚如本会之对俭学生及勤工俭学生所联络一
此与日俱增之损耗如不设源而之底欢别
下游各俭学生诸君，当能谅解此言，敬以
元培谨代本会谨诚宣告陈卿经济上之关系，仍当尽其
力可胜任者，以补助在法学生诸名，惟乘蒸菜为幸甚，

民国十年一月十六日 华法教育会会长蔡元培

1921年1月12日、16日，华法教育会接连发出通告，宣布与勤工俭学生脱离经济关系，停发维持费。勤工俭学生的处境更加困难。图为1月16日的通告

西歐通信（續）
▲留法勤工俊學生之大波瀾 （周恩來）

（十五）公使館前之直接行動。公使館事前既已預
聞，自不能無所防備，且陳公使新自國內來者、北京
之歡迎請題要求，彼已（司空見慣），應付有方、決不
至措手不及、臨事倉皇也，彼所謂（直接行動）之舉、
在學生反為樹舉、使此舉而有效
果可收也、則國內自（五四）後學生界所應用於聚衆
蓮勤之種種失敗現象、直無事理可言矣、以國內學生
之勢衆、其所要求條件之氣壯、政府壓迫力之大、社
會周情心之盛、尚遺失敗、況今日留法學生主張往公
使館者之人數如是其少、要求條件之範圍如是其大、
衣無後援之可言、使陳公使稍圓滑其辭、則學生之
政府如春雪融化矣、梁也集隊往公使館出發者為數
二十八日晨集隊往公使館之事

周恩来在天津《益世报》上发表的《留法勤工俭学生之大波澜》，详细报道了"二·二八运动"的始末

来自父亲的"教导"没有发挥直接作用，真正促使陈乔年思想发生转变的是他在法国的工学实践活动。本来陈乔年满怀希望到法国进一步研究无政府主义理论，以便于用以改造快要倾覆的祖国。到法国后，他对资本主义制度有了更深刻的认识，思想也在不断地转变和更新。在继续信仰无政府主义的同时，他开始主动阅读马克思主义著作。这些变化，与留法勤工俭学过程中发生的三次重大斗争，不无直接关系。

第一次是"二·二八运动"。1920年下半年起，法国陷入第一次世界大战后的经济危机，工厂倒闭，失业人数剧增，物价上升。当时在法国的勤工俭学生十之七八失去工作，能找到工作的仅剩四百余人，而且就业人数还在不断减少。大多数勤工俭学生失学失业，生活艰苦，吃住无着落。他们寄宿在巴黎华侨协社的地板和布棚内，喝自来水，常常吃半生不熟的土豆和豆饼充饥。有的勤工俭学生因此患病甚至死亡。

华法教育会对留法勤工俭学生失学失业的困境没有好的办法解决，于1921年1月12日和16日先后发表两次通告，宣布与勤工俭学生脱离经济关系，"只负精神上之援助"。由于华法教育会决定不再资助留法勤工俭学生，北洋军阀政府也回电拒绝给予救济，激起了广大留法勤工俭学生的不满。为了生存权、求学权，2月28日，四百多名勤工俭学生在蔡和森、李维汉、向警予、王若

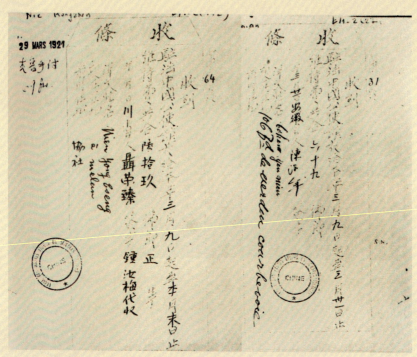

经过勤工俭学生的努力，"二·二八运动"后部分学生的最低生活维持费得到暂时解决。图为聂荣臻、陈延年领取中国驻法公使馆发放维持费的收据

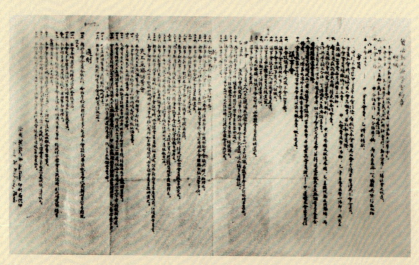

1921年2月，赵世炎、李立三等在巴黎组织勤工俭学会。陈乔年、陈延年、王若飞都曾加入。图为勤工俭学会的章程

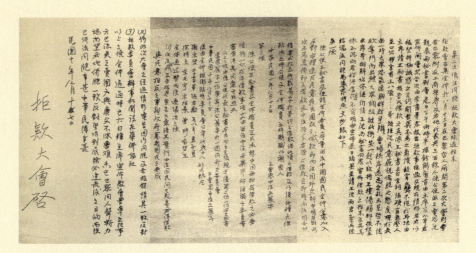

1921年6月和8月，留法勤工俭学生、旅法华工和各界华人两次在巴黎集会，开展反对中法秘密借款的爱国斗争。图为以拒款大会名义印发的《第二次侨法同胞拒款大会经过始末》

召开拒款大会的地点——巴黎哲人厅

飞等人率领下前往巴黎中国驻法公使馆请愿，要求解决他们的困难。当时驻法公使陈箓与学生代表见面后，不但不接受学生们提出的"政府每人每月给留学生发放四百法郎，以四年为限"的要求，还招来法国警方强行驱散了学生，时称"二·二八运动"。

"二·二八运动"后，一部分勤工俭学生获得了最低生活维持费。3月开始时为每人每日3法郎，4月后改为6法郎，后又降到5法郎。每周给一次，并需要勤工俭学生本人亲自前往巴黎中国驻法公使馆领取。但是留法勤工俭学生的处境没有得到实质性改善，相反有部分"自愿归国"的勤工俭学生乘坐减价轮船回国，给勤工俭学界以恐慌不安之感。之后，部分勤工俭学生在赵世炎、李立三等人的号召下，团结起来建立了"勤工俭学会"，致力于积极寻找工作机会并身体力行，得到热烈响应。据李立三回忆，陈乔年、陈延年、王若飞都加入了勤工俭学会。

第二次是反对中法秘密借款的斗争。1921年6月初，北洋军阀政府派朱启钤、吴鼎昌等到巴黎，谋求秘密借款，用于购买军火、挽救中法实业银行。此事被旅法华人获悉后，由旅法华工会、中国留法学生联合会、国际和平促进会、亚东问题研究会、旅法新闻记者团等团体领导，号召旅法华人进行抵制，并通电国内，反对有损国家利益的中法借款。勤工俭学生积极参加了此次爱国运动。8月13日，旅法华人团体在巴黎召开第二次拒款大

勤工俭学生希望里昂中法大学能向他们无条件开放，以解决他们
无学可求的困难。图为里昂中法大学校门

曾拘禁勤工俭学生先发队队员的兵营

会，要求驻法公使陈箓当众说明借款真相。在巨大压力下，代替陈箓出席会议的公使馆秘书王曾思被迫签字声明全体使馆官员一致反对借款，终使此次中法秘密借款阴谋落空。拒款斗争获得了胜利，使勤工俭学生受到很大鼓舞。但爱国行动损害了当局的利益，当局很快就指使留法中国少年监护委员会（亦翻译为"监护处"）取消了"二·二八运动"后部分勤工俭学生的最低生活维持费，一部分勤工俭学生再次陷入无工无学、饥饿病亡的绝境。

第三次是争回里昂中法大学的斗争。为扩大中法教育事业，加强文化交流，尽快促成法国退还庚子赔款，中法两国教育界人士共同募集资金创办了里昂中法大学。勤工俭学生都以为有了一线生机。可是里昂中法大学成立后，校方却暗中从国内招收了一批军阀、官僚的子弟去法国学习，对在法勤工俭学的穷学生，一个也不接受，这激起了勤工俭学生们的义愤。9月17日到19日，留法勤工俭学生各地代表在巴黎紧急商讨对策。20日晚，由在巴黎的勤工俭学生组成的先发队率先前往里昂，各地也纷纷派出代表前去支援。21日，由一百多人组成的先发队进占了里昂中法大学，要求学校对全体勤工俭学生开放。在中法当局的联合迫害下，蔡和森、陈毅、李立三等104名代表被强行遣送回国。

运动失败后，在巴黎的勤工俭学生代表发表通告，宣布"不料号称自由、平等、博爱的法国政府，竟使出这种压迫手段"。

关于被遣送回国学生到达上海的报道

被遣送回国学生到达国内后发出的通启，介绍了他们被迫回国的经过

这从一个侧面反映出部分留法勤工俭学生对资产阶级制度幻想的破灭，这对于他们中的部分人走上反帝反封建的革命道路有很大影响。特别是在实际的斗争中，吴稚晖等无政府主义者不支持学生们的正义行动，使陈乔年等过去曾倾向无政府主义的勤工俭学生逐渐看清楚了他们的真正面目。

1922年3月20日，发生了李合林（李鹤龄）枪击陈篆未遂、自请入狱的事件。李合林是陈乔年的朋友，同为工余社成员，此前也倾向无政府主义。他痛感无政府主义不能挽救国家民族危亡，毅然抛弃无政府主义的主张，采取激烈的武力行动。事后警方在李合林的住处搜出了列宁的照片和有关书籍。

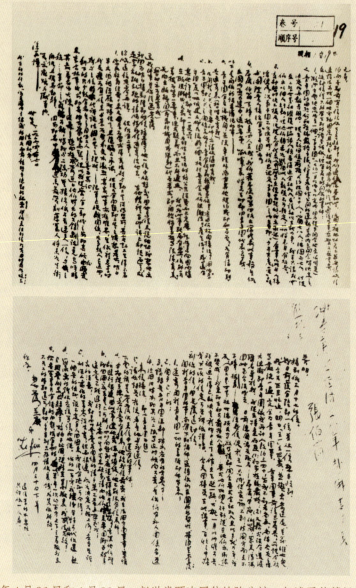

1922 年 4 月 26 日和 4 月 30 日，赵世炎两次写信给陈公培，叙述了他筹组旅欧共青团组织的过程，并提到要争取陈乔年、陈延年加入组织中来

勤工俭学生中的共产主义者十分关注陈乔年等人的动态。赵世炎就敏锐地察觉到李合林事件后陈乔年等人的思想转变，于1922年4月两次写信给陈公培，特别提到要争取陈乔年弟兄俩到共产主义队伍中来，信中指出"近日他们所出的《工余》杂志，竟高呼暗杀……革命……气魄可钦"，要求与陈乔年弟兄俩有私人交情者尽快"探其动静"，并"速来信接洽"。

　　现实的残酷和旅欧共产主义者的争取，让陈乔年弟兄俩幡然梦醒，清楚地认识到了无政府主义的欺骗性。他们在朋友中间力陈无政府主义对改造中国"既没有办法，也没前途"，指出"对于无政府主义之信仰"，是"建在浮沙之上"的，"做革命事业，

赵世炎（1901—1927），四川（今重庆）酉阳人。参与发起成立旅法中国共产党早期组织和共青团组织，在求学过程和回国工作后与陈乔年有很多交集

在乎……力求理解社会生活的实际关系……马克思很有先见之明，一生精力，全用在这个研究之上"。

由于陈乔年弟兄俩在留法勤工俭学生中影响力很大，在他们的带领下不少人退出无政府主义团体。支持他们思想转变的人认为这是一种信仰上的觉悟和进步，而一些顽固的无政府主义者却攻击陈乔年弟兄俩，骂他们是"叛徒"，投降了共产党。但陈乔年弟兄俩坚持真理，不怕打击。鉴于陈乔年弟兄俩加入共产主义队伍的事实，无政府主义团体只能无奈地发表声明。1923年初，国内无政府主义刊物《互助月刊》说"法国之《工余》杂志，为吾党旅法之机关报。前为陈延年编辑，近陈君因改变为共产党，编辑事务改由李卓君担任矣"。

旅欧中国少年共产党

1921年，旅法华人中的共产党早期组织成立，成员有张申府、赵世炎、陈公培、刘清扬、周恩来等。旅法的共产党早期组织建立后，多方面了解国际工人运动的状况和经验，利用欧洲的方便条件大量收集、阅读和介绍马克思主义著作，在旅法的勤工俭学生和华工中开展革命宣传工作。

1922年4月，张申府、周恩来等写信给赵世炎，力促五一前成立旅欧共产主义青年团。赵世炎接信后，从法国北方赶回

1256   PARIS. — Au Bois de Boulogne. — LL.

1922 年 6 月，旅欧中国少年共产党在巴黎西郊布伦森林的一块空地上召开成立大会。陈乔年和赵世炎、周恩来、李维汉、王若飞、陈延年、刘伯坚等人到会。图片是印制在明信片上的布伦森林的一角

巴黎，奔走于蒙达尔纪、里昂等勤工俭学生的聚集地，联络学生中的先进团体。6 月，旅欧中国少年共产党在巴黎西郊布伦森林（亦翻译为"布洛涅""布罗尼"等）的一块空地上召开成立大会。陈乔年和赵世炎、周恩来、李维汉、王若飞、陈延年、刘伯坚等人到会。他们从当地卖茶水的老太那里租用了椅子，围坐一圈。会议开了三天，选出中央执行委员会，由赵世炎任书记，周恩来负责宣传，李维汉负责组织。旅欧中国少年

旅欧中国少年共产党的办公旧址——巴黎十三区戈德弗鲁瓦街17号。陈乔年曾在这居住

共产党成立后，为了利于秘密活动，每个人还有一个化名，并在内部刊物上列成对照表发给过大家，赵世炎化名乐生，周恩来化名伍豪，李维汉化名罗迈，王若飞化名雷音，陈乔年化名罗热……

　　旅欧中国少年共产党中央执行委员会的办公地点设在巴黎十三区戈德弗鲁瓦街17号一家小旅馆里。陈乔年和陈延年、赵世炎、王若飞、萧三等六七人曾住在这里。在这里，他们与法国共产党和青年团建立联系，陈乔年等人还经越南籍的法共党员胡志明介绍加入了法国共产党。萧三曾回忆说：

"少共"成立后不久，赵世炎派我去和法国共产党联系。那时，法共是公开的。我到了法共殖民地部，又去了法国社会主义青年团，同他们建立了联系。法国党和团的同志曾派人给我们做过报告，法共领导群众游行示威和召开一些会议时，也吸收我们参加。在参加运动的过程中，我们认识了阮爱国（即胡志明），他也应邀到过我们住的地方，和我们交谈。过了一些日子，阮爱国便正式介绍王若飞、赵世炎、陈延年、陈乔年和我（共五人）参加了法国共产党，成为法共党员，并在巴黎十三区过组织生活，交纳党费。为了工作，我记得我还去过法共区委书记家里。平时阮爱国同我们来往较多。

陈乔年弟兄俩加入旅欧中国少年共产党后，工作积极，很快就得到大家的认可。1922年10月，旅欧中国少年共产党中央执行委员会改选时，哥哥陈延年被增选为中央执行委员会委员，负责宣传工作。

为节约经费，旅欧中国少年共产党的领导机关中只有个别人脱产工作，其他人则需要做工来维持生活。陈乔年当时做工的工厂是一家云母石加工厂，每天工作9个小时，上下午各四个半小时。在工厂车间里，工人们坐在一排排的凳子上，做着机械重复的动作：工头拿来一篓篓云母片，分给工人，然后工人用机器在上面打眼。打好的云母片就掉在下面的一个口袋里，然后工人再把它们穿成串。中午时间比较紧张，家在附近的法国本地工人可回家吃饭，陈乔年等勤工俭学生只能到附近的小饭馆"打尖"。午饭经常是一块面包和几块干炸鱼，喜欢喝酒的可喝饭馆的廉价葡萄酒。

旅欧中国少年共产党的机关刊物《少年》于当年8月1日创刊。当时缺少出版经费，主要靠自己动手，先刻写钢板，然后油印。陈延年脱产工作，和赵世炎等集中精力刻写钢板。晚上，在外做工的陈乔年和王若飞、萧三等人回到旅馆简单吃完晚饭后，就开始协助油印。他们经常工作到深夜才能睡觉。第二天还得早早起床，因旅馆房东不允许在室内做饭，所以早上只能悄悄地用气炉子简单地煮点挂面，加上鸡蛋、酱油……如此日复一日忙碌的生活节奏，虽然身在巴黎，但他们一点玩的心思也没有。

《少年》是理论性和战斗性很强的刊物，周恩来、赵世炎等在上面发表了很多文章。陈乔年、陈延年则以《少年》为武器，对

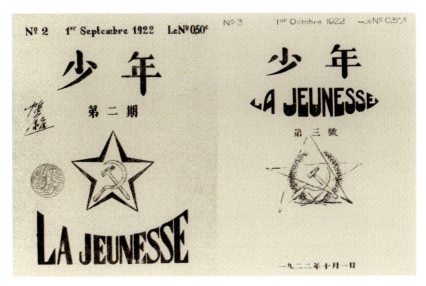

1922 年 8 月 1 日，旅欧中国少年共产党创办《少年》月刊。图为《少年》第二期、第三期的封面

无政府主义、国家主义进行针锋相对的斗争。《少年》杂志深受华工和勤工俭学生的喜爱，被称为"巴黎的《新青年》"。

1922 年 11 月，旅欧中国少年共产党决定派李维汉携带信件回国，同国内青年团中央接洽，要求"附属于国内青年团为其旅欧之部"。1923 年 1 月，旅欧中国少年共产党收到赴苏参加共产国际第四次代表大会的中共代表团陈独秀的复信，信中建议将旅欧中国少年共产党改名为"中国共产主义青年团旅欧之部"。差不多同时，国内的青年团中央也作出了同意旅欧少年中国共产

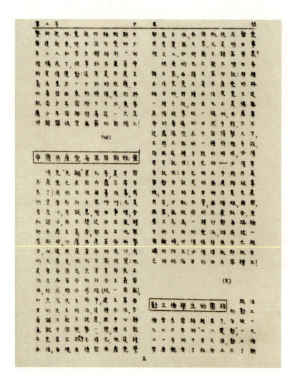

《少年》第二期发表的《中国共产党与其目前政策》，阐述了共产党的统一战线政策

党加入的决定。2月17日至20日，旅欧中国少年共产党在巴黎召开临时代表大会。会议决定加入中国社会主义青年团，成为其"旅欧之部"，在欧名称定为旅欧中国共产主义青年团。大会通过了周恩来起草的《旅欧中国共产主义青年团章程》，还鉴于陈乔年、陈延年、赵世炎、王若飞等人将赴苏联学习，改选了领导机构，选举周恩来、任卓宣、尹宽、汪泽楷、萧朴生五人

1923 年 2 月 17 日至 20 日，旅欧中国少年共产党在巴黎召开临时代表大会后的合影。左起：前排 2 为赵世炎、6 为陈乔年、8 为陈延年、11 为王若飞；二排 3 为刘伯坚；三排 10 为周恩来

为执行委员，刘伯坚、王凌汉、袁子贞为候补委员，周恩来任书记。

莫斯科东方大学

1922 年 7 月 16 日至 23 日，中国共产党在上海举行第二次全国代表大会。随着党组织的健全、革命形势的发展，党内急需要一批经过系统训练的干部。年底，中国共产党中央执行委员会委员长陈独秀到莫斯科出席共产国际第四次代表大会。他来到位于莫斯科的东方大学考察并看望留学生，对东方大学及中国班的教学很满意，同时得知旅欧许多党团员学习和生活都遇到了较多的困难，决定分批抽调旅欧党团员到莫斯科东方大学学习。

赴莫斯科学习的最初计划是十五人，最终陈乔年、陈延年、赵世炎、王若飞、熊雄等十二人成行。因当时法国与苏联尚未建交，所以在巴黎不能办理赴苏联的护照。1923 年 3 月的一天，周恩来陪同陈乔年等一行人乘火车从巴黎去了柏林。旅途过程比较顺利，途经比利时，受到在比利时的刘伯坚等人欢送，参观了沙洛瓦劳动大学和市容市貌，随后一行人到达德国科隆换车去柏

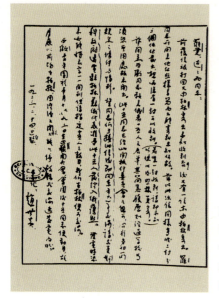

1923 年 2 月 14 日，为沟通赴莫斯科东方大学学习事宜，赵世炎代表旅欧中国少年共产党写信给莫斯科的罗亦农等人，要求协助解决赴莫斯科护照问题

　　　　　　　　　　　　　　　陈乔年画传

1923 年，比利时沙洛瓦劳动大学中国勤工俭学生郊游时的合影，左 3 为刘伯坚、左 5 为聂荣臻

熊雄（1892—1927），江西宜丰人。1919 年赴法勤工俭学，1922 年转赴德国

林。在柏林等待办理护照的时间里，他们分开居住在熊雄等人的寓所中，还利用闲暇时间，游览了柏林的名胜古迹。周恩来组织他们在柏林一家中餐馆开会，在那里他们从国内寄来的报纸上知道了京汉铁路罢工的消息。所有手续办妥后，陈乔年等一行人乘火车前往苏联。

1923年4月上旬，陈乔年一行抵达莫斯科，在火车站受到任弼时、王一飞等人迎接。陈乔年到东方大学后，即住进了东大宿舍，同宿舍一起住的有陈延年、萧三等人。那时校方给他们每人分配一个俄文名字，陈乔年叫Красин（克拉辛）。陈乔年等旅欧党

东方劳动者共产主义大学（简称"东方大学"）校址位于莫斯科普希金广场附近。该校为中国共产党培养了大批干部。1921年，外国语学社的刘少奇、罗亦农、任弼时、肖劲光等成为东方大学"中国班"的首批学员

　　　　　　　　　　　　　　　　　　　　　　　　陈乔年画传

团员到来之前，莫斯科东方大学"中国班"就已成立了党和团的支部。4月28日，中共旅莫支部举行欢迎陈乔年等人到来的大会。支部书记罗亦农将陈乔年等人一一介绍给"中国班"的学员认识，并特别强调陈乔年、陈延年、王若飞、熊雄等旅欧同志已是法国或德国的共产党员，所以按照党的章程可以直接转为中共党员。

中共旅莫支部非常注重党团员的训练和学习，强调革命的人生观、纪律化和集体化，反对个人主义、自由主义。为培养学员的革命意志，在课程之外，中共旅莫支部制定了详细而又具体的训练计划，对大家提出严格要求。学员需参加小组学习，研究问题，交流心得，开展批评与自我批评。陈乔年在这里得到了有组织的系统化训练，使他为共产主义奋斗的信念更加坚定。

陈乔年初到东方大学时，苏联的经济还处在困难时期。虽然在这里的学员可以享受红军战士一般的特别优待。但他们开始吃的是里面常有干草的黑面包，穿的是红军制式的粗糙大衣且式样不尽统一。后来条件逐渐改善，才有白面包和式样统一的衣服。除此之外，他们还需要轮流进行厨房值日，即负责当天的早、中、晚餐。因此，常常天未亮就要到厨房去劈柴、洗菜和收拾餐具。午饭后休息一会儿，就要开始准备晚饭，经常忙碌到晚上十一点才回宿舍睡觉。好在沐浴、理发等都由学校免费的统一提供。

国际歌

［法国］欧·鲍狄埃　作词

比·狄盖特　配曲

［苏联］阿·科茨　俄译

萧三　陈乔年　中译

一、起来，饥寒交迫的奴隶，

起来，全世界的罪人！

满腔的热血已经沸腾，

做一次最后的斗争！

粉碎那旧世界的锁链，

奴隶们起来，起来！

莫要说我们一钱不值，

我们是新社会的主人！

二、从来就没有什么救世主，

不是神仙皇帝，

更不是那些英雄豪杰，

全靠自己救自己！

要夺取平等、自由、幸福，

要消灭剥削、压迫！

快把那炉火烧得通红，

你要打铁就得趁热！

三、我们是世界的创造者，

劳动的工农群众！

一切是生产者所有，

哪能容得寄生虫！

我们的血汗不知流了多少，

和那些强盗们斗争！

一旦把他消灭干净，

鲜红的太阳照遍全球！

〔副歌〕

这是最后的斗争，

团结起来到明天，

因特那雄那尔一定要实现！

这是最后的斗争，

团结起来到明天，

因特那雄那尔一定要实现！

在东方大学的陈乔年是二十多岁的小伙子，身体强壮，性情温和，皮肤又很白，是同学中间公认的美男子，特别是两颊同苹果一般红，因此同学们习惯用俄语中苹果一词的发音"鸦普洛果"来称呼他。1923 年夏，东方大学放暑假，陈乔年与同学们来到莫斯科远郊的一个苏维埃农场参加暑期实践。每天除固定地掘地、拔草、挑土等劳动外，他和萧三合作，根据法文和俄文版，将全世界无产阶级的战歌《国际歌》翻译成中文。他们翻译的版本后来流传到国内，为《国际歌》在中国的传播，作出了重要的贡献。

　　陈乔年等东方大学学员虽然在千里之外的莫斯科，但是他们热心国内党的建设，通过共产国际以及与国内的通信联系，及时了解国内时事。1924 年六七月间，共产国际第五次代表大会在莫斯科召开，李大钊率团出席。李大钊在回国前，有一段时间住在东方大学，他多次出席中共旅莫支部的活动，参与指导日常工作。陈乔年和东大的同学一有机会就向李大钊同志请教问题，聆听李大钊同志的报告。

　　下半年，陈乔年等在莫斯科的同志接到了国内关于筹备召开中国共产党第四次全国代表大会的通知。随后，中共旅莫支部召开多次会议，认真讨论，最终形成了正式的提案交中央。

　　第一次国共合作局面正式形成后，国内急需干部。从 1924

李大钊在共产国际五大上的发言稿。现存中共四大纪念馆

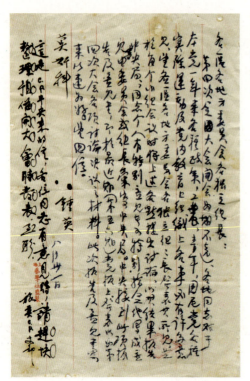

中共四大召开前，中央向各地发出通知。这份通知上面写有"旅莫支部""莫斯科"字样。"锺英"两字为中共中央的谐音。现存中共四大纪念馆

年开始，东方大学的学员按照组织要求陆续回国工作。1925年初，党的四大召开以后，以工农为主体的革命运动进一步发展。大革命的高潮即将到来，很多留在莫斯科的同志回国工作愿望更加迫切。虽然陈乔年也很想回国，但他服从组织安排。随着成长进步，陈乔年逐渐成为旅莫党、团支部的骨干，并于1925年6月，当选为中共旅莫地方执行委员会（即中共旅莫支部）的书

记。1925 年 1 月，在广州的陈延年写信给陈乔年等人，要他们尽快将东方大学的《俄国共产党史》《第三国际党纲及政策》《职工运动》《经济学》《唯物史观》《青年运动史》《工人运动史》等课程的学习材料和书稿整理好，想办法通过共产国际渠道带到广州印刷，以备农民运动讲习所和工人班急需。这年 3 月启程归国的罗亦农、王若飞等人在归国途中和归国后，也曾多次与陈乔年等人通信。6 月，聂荣臻在归国前，还邀请陈乔年一起讨论工作。

乔年、伯坚、庆云、求实①诸同志：

别后没有接到你们一封来信，不免有点使我失望之至。你们既不愿意将莫地②的情形告诉我们，我们以后也就再不抽出时间写信给你们了，因为我们的忙实不减于你们。

国内的工作十分重要，五卅沪案③发生后，中国国民革命运动开一新纪元，按目前的情形看来，虽然要经过一修改不平等条约的时期，但我们的预备及客观的趋势都非使中国国民的力量与帝国主义者直接的武装冲突不可。

我在广州，因为与上海交通断绝的关系，不能多告诉你们中国中部和北方的情形。至于南方——广东，革命的空气异常浓厚，我们已在工农群众中公开本校④，现在我们缺乏的是：作工的人材。在目前客观的情况看来，就是回来百个同志来广州工作也不够。

莫地的工作十分要紧，你们现在的进行怎样？望来函见告。

我的病从到广州后，因为气候太热的关系，不见得比在莫时好。我极愿意在北方，但此间同志不赞成，无可奈何，只好牺牲个人。

你们做工、研究，要十二分踏实。我回国后打破了不少的空梦。余再谈。

祝你们努力！

亦　农
七月十九日

罗亦农致乔年、伯坚、庆云、求实诸同志的信

乔年同志：

现在第三国际已决定，我们在二十日内完结学校功课，下月底即当还国。在东大第一批同志出发时，本地幹〔干〕事会应有详细的报告转报中央。因此幹〔干〕事会决定，请你来此（最好是在午后五时后来）一商，应如何报告中央及幹〔干〕事会对于各同志批评的精确与否，因为关于党的工作非常重要，你再忙都要来！

C 的敬礼

红军校党支部幹〔干〕事会书记
荣　臻
卅

聂荣臻致陈乔年的信

王若飞 1925 年 4 月 5 日致陈乔年的信：

乔年转 бюро 同志

　　到此已一星期。初以为，据 мисоловский 之言不过三五日即可有船开上海。乃昨夜所得消息，则现因上海审判问题，十号以内不能有船开上海。我们在此最少尚有一星期以至二星期的停留，经崴既不顺手，改道又不可能，心中极不耐烦。然急又何益……

　　海参崴小组情形及想请求中央留莫斯科回国的一二得力同志驻崴作党的学校教育工作事，大口（指罗亦农）前信已经说过，我是极赞成此事的。以往派中国工人同志到莫斯科读书，常发生下列的许多困难：1.路费难筹；2.家庭的维持无着；3.最得力的同志不能在俄久留。现如能在崴设校，教育期限不过三月至六月，而地方又距中国甚近，来往输送亦易设法，则我们将能在很快的期间，使我们许多忠实勇敢的工人同志均得到受列宁主义训练的机会。在初办时，自然仅系沿海省负担经费，俟数月稍有成绩，再求扩充发展（或成为的 кутв 的分校或成为 коминтерн 的学校）是很可能的事（指莫斯的东方大学、共产国际）。至于担负教育的人，我以为季达姐姐（指李季达）和阳明夫子很相宜。决定之权"自"在中央，不过我可贡献一点意见。

团体中坚分子在你们指导之下必能更加努力，更加进步。惟落后分子之有某一方面长处者，我想单独的给他们写信，从旁促进他们对于党的观念，提高他们革命的情绪，或许可收点训练效果。又，合林与仁先既很快就要回国，而他们如能在最近期间较前进步，可于回国时把他转党。这纯是从国内工作的方便与利益上着想，并且我们以后并不是无法监督他，甚至清洗他。

凡我们所写的信无论全体的或个人的，如有可以刺激同志们革命情绪的，均可公开。这也是训练方法之一种。

我闷的慌且有点伤寒，常睡觉。有精神时再写。

若飞

四月五日

（摘自《中共党史资料》第61辑，原件藏中央档案馆）

1925年4月，陈乔年将列宁的文章翻译为中文发表在了国内的《新青年》上，题名《社会主义国际的地位和责任》。1925年5月30日，帝国主义在上海制造了五卅惨案。五卅爱国运动获得共产国际和各国劳动人民广泛同情和支援。6月，莫斯科五十万

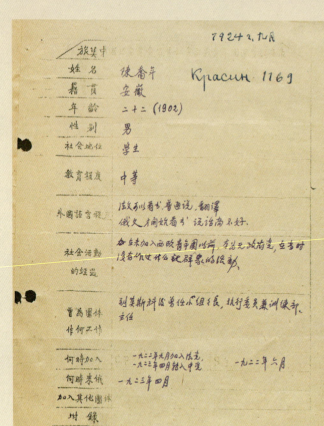

旅莫中

7924 2.九月

姓　名	陈乔年　Красин 1169
籍　贯	安徽
年　龄	二十二 (1902)
性　别	男
社会地位	学生
教育程度	中等
外国语言程度	法文可以看书,普通说,翻译 俄文不问就看书,说话尚不好。
社会活动的经过	在未加入西欧青年团以前,常若兄政府意,立考时没有作些什么批群众的活动。
曾为团体作何工作	到莫斯科俄勇任小组长,执行委员兼训练部主任。
何时加入	一九二二年九月加入法共, 一九二二年四月转入中党。　一九二二年五月
何时来俄	一九二三年四月
加入其他团体	
附　录	

陈乔年在莫斯科东方大学部分档案,
现存俄罗斯国家社会政治历史档案馆

S №33

程度。我的社会科学程度很底,尤其是对於经
。现在我将看过的中法文的书根大概分列如下:
新青年、青年週刊、先驱、嚮导…………
共产党週刊,人民日报(任团共产党机关报),国际通信,
国际共产党杂志(小部分)光明半月刊…………

……新青年社丛书及人民出版社丛多半看过。
法文的:共产党宣言,列宁的无产阶级革命(一部分),共产主义入门
要罗维埃夫的列宁传。

上列各种书籍多半无全看过,由中之有数种高未看完,至於杂志,虽没
有篇篇大文章都看过。不过大部份时之虽继续往下看,除此而外,周
拉无政府主义书限地看过几种。我以上的程度,程度之高下可想而知
………没有统系的研究。程度既是这样幼稚,所以没有什么可以
详细报告的。

　　B. 外国语程度。我只能懂法文,而且也不大高明。我学法
文虽欠,但在学校里时候极少。多半自习,缺乏人指导,好几
年的功夫才能看书根,还是不纯熟,有的地方不能真正的懂得。
没有翻译过书报,普通信札勉强可写。

陈乔年　11/5/1923.

旅莫中國共產黨支部和中國共產主義青年團支部黨員團員調查表

源青

№ 33

I 姓名: 中文姓名 陳喬年　西文姓名 *Красин*
過去所用的假名 羅然，何恩，秋水．

II 籍貫: 生於中國 安徽 省 懷寧 縣

III 生年: 生於西歷 一九〇六 年 九 月 二 日

學生票號碼 1169

IV 性別: _____ 男

V 家庭的地位:

人數	名字	年歲	存在否	教育程度	職業	財產及收入
父	獨秀		存	高等	過去曾充教授，現在專以革命為職業	由黨供給以維持生活
母	高氏		存	沒有	✕	靠祖母過活
妻子	✕					
子女	✕					
兄	延年	廿八	存	中等	革命	沒有（生活由黨供給）
姊	筱秀	廿四	"	"	學生	"（生活由家庭供給）
弟	松年	十四	"	"	"	
堂兄	諛		"	高等	中學教員	約一百元左右
堂兄	永年	廿六	"	中等	縣立師範	沒有（生活由家庭供給）
祖母	謝氏	六十	存	✕ ✕	無職業，靠生過活	七八百畝田和兩千商店（債權）

家庭人口數：本人已高脫家庭，內家庭中又分合數起不便統計。

家庭經濟地位：官僚兼地主

VI 教育程度:

入學年歲	入學歲份	學校名稱及地點	所習學科 (大學轉科)	學校性質 (私立公立之外)	出校年份	畢業否
七九	一九〇九	立懷寧家中私塾讀書	中文	✕	一九一一	
十	一九一二	安徽省立第一中學校		省立的	一九一三	未
十二	一九一四	北京法文高等學堂		法國天主堂設立的	一九一六	未
十五	一九一七	上海法文協會		公立的	一九一八	未
十七	一九一九	上海法文翻譯學校		法國政府	一九一九	畢業
十八	一九二〇	巴里法文協會		公立	一九二〇	未
十八	一九二〇	法國聖梅蒙中學		縣立	一九二一	未

VII 個人經濟地位:

從幾歲至幾歲	何種費用	由何人供給家庭公家團體私人朋友	從幾歲至幾歲	何種費用	由何人供給家庭公家團體私人朋友
幼小至十二歲	各種費用	由家庭（祖母）供給			
自十二至十六歲	僅是生活費	由父親供給			
十六歲	到法國的路費	由父親，戚仲懷等			
十七到廿一	各種費用	由父親（份）省款，朋友及自己掙			

陈乔年在莫斯科东方大学部
分档案，现存俄罗斯国家社
会政治历史档案馆

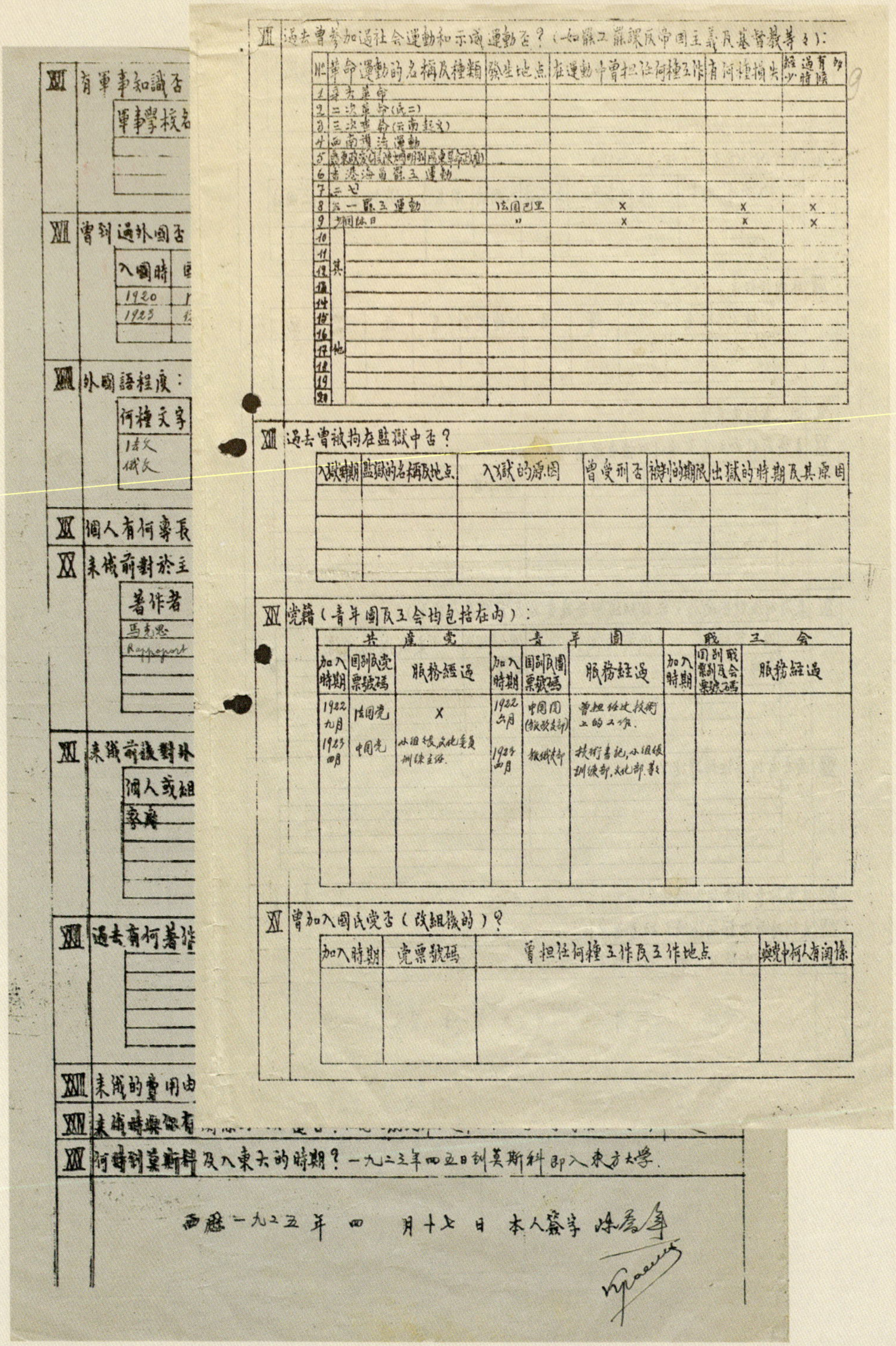

左侧竖排表格（部分）：

XI	有軍事知識否
	軍事學校名

XII	曾到過外國否
	入國時
	1920
	1923

XIII	外國語程度：
	何種文字
	法文
	俄文

XIX	個人有何專長
XX	來俄前後對於主
	著作者
	馬克思
	Rappaport

XXI	來俄前後對於
	個人或組
	家庭

XXII	過去青有何著作

XXIII	來俄的費用由
XXIV	來俄時期你有
XXV	何時到莫斯科及入東大的時期？—一九二三年四五日到莫斯科即入東方大學．

右上方表格：

VII 過去曾參加過社會運動和示威運動否？（如職工罷課反帝國主義及基督教等）：

革命運動的名稱及種類	發生地點	在運動中曾担任何種工作	有何種損失	經過有多少時間
1 辛亥革命				
2 二次革命（癸丑）				
3 三次革命（云南起義）				
4 西南護法運動				
5				
6				
7				
8 五一卅五運動	法國巴里	X	X	X
9 反對日		X		X
10				
11				
...				

XII 過去曾被拘在監獄中否？

入獄期	監獄的名稱及地点	入獄的原因	曾受刑否	判刑的期限	出獄的時期及其原因

XV 黨籍（青年團及工會均包括在內）：

共產黨			青年團			職工會		
加入時期	團別或黨票號碼	服務經過	加入時期	團別或團票號碼	服務經過	加入時期	團別或黨票號碼	服務經過
1922 九月	法國黨	X	1922 六月	中國團 俄政委部	曾担任地方團工會主任			
1923 四月	中國黨	從組織及地意義洲旅主席	1924 四月	俄政委部	技術書記，小組後訓練委，文化部教			

XVI 曾加入國民黨否？（改組後的）？

加入時期	黨票號碼	曾担任何種工作及工作地点	退黨中何人介紹係

西曆一九二五年 四 月十七 日 本人簽字 陳喬年

陳喬年在莫斯科東方大學部分檔案，現存俄羅斯國家社會政治歷史檔案館

东方大学部分学员合影，左起，李求实（下）、刘伯坚、女生不详、王一飞、袁庆云、罗亦农、陈乔年、王若飞。来源于俄罗斯科学院远东所编：《20 世纪 20—30 年代中国革命者在俄罗斯的足迹》（第二册），莫斯科全世界出版社 2018 年版。

人举行声势浩大的游行示威，声援中国。中共旅莫支部组织学员积极加并发表现场演说，以声援国内的斗争。

按照惯例，六七月份是东方大学暑假。1925 年，差不多暑假快结束时，陈乔年也接到了回国的通知。他们一行人从莫斯科乘火车穿越西伯利亚到达海参崴，然后在海参崴转乘轮船到上海。陈乔年还担任了他们这一批回国人员的组长，负责旅途中的各种事务。前后用了差不多一个月时间，八月份左右，陈乔年回到了阔别六年之久的上海。① 陈乔年向在上海的中共中央汇报了他们这一批回国人员的情况。中央很快就根据每个人不同情况安排了具体工作。

---

① 关于陈乔年从莫斯科回国和到北京工作的时间，此前有 1924 年底、1925 年春等说法。

陈乔年画传

四

少年归来　初露锋芒

北方区委最年轻的委员

1925年下半年，陈乔年回国后不久就来到北京工作。此前，中央已作出任命他担任中共北京区委兼北京地委书记的决定。在1925年年初于上海召开的共青团第三次全国代表大会上，他当选为团中央执行委员会候补委员。这充分体现出党组织对他的信任和期望。

陈乔年到北京工作后，1925年10月，中共中央执行委员会扩大会议在北京召开。会议强调北方区的重要性，为加强对日益高涨的革命运动的领导，会议决定中共北京区委兼北京地委改组为中共北方区执行委员会（简称中共北方区委）。时年刚满二十三周岁的陈乔年任中共北方区委组织部长，是中共北方区委中年纪最小的委员。

中共北方区执行委员会（1925.10—1927.5）

书　　记　李大钊

组织部长　陈乔年

宣传部长　赵世炎（—1926.5，调任中共江浙区委）

范鸿劼（继赵世炎任，—1927.4牺牲）

秘　　书　彭桂生（—1926.11）

杨景山（继彭桂生任，—1927.4牺牲）

李大钊（1889—1927），河北乐亭人。
中国共产党的主要创始人之一

职工运动委员会主任

赵世炎

国民运动委员会主任

李大钊

妇女运动委员会

负责人　刘清扬（女）

夏之栩（女）

军事运动委员会书记

张兆丰

农民运动委员会书记

李怀才

当时北京是北洋军阀统治的大本营，情况复杂，斗争很尖锐。1924年10月，直系将领冯玉祥乘第二次直奉战争之机，从直系军阀分裂出来，班师回京，发动政变，推翻直系军阀首领曹锟、吴佩孚控制的北京政府，一时控制京津地区。随后冯玉祥发表反对军阀割据、要求和平统一等倾向革命的政治主张，并将所部改称为中华民国国民军。北京政变后，冯玉祥电邀孙中山赴北京共商国是。为把革命影响扩大到全国，中共中央决定支持孙中山北上。从1924年冬到1925年夏，中共北方（京）区委在李大钊领导下，运用统一战线策略，在国共合作的新形势下，团结各方面各阶层人士，接连发动和领导北方人民开展了国民会议运动、声援五卅运动。1925年秋，陈乔年到北京后，和赵世炎、范鸿劼等同志，在李大钊带领下，继续艰辛开拓，在巩固发展党的队伍，组织工农民众运动，扩大国民革命战线，以及争取改造冯玉祥国民军方面，取得了令人瞩目的成绩。

争取关税自主运动是一场影响很大的爱国运动。"关税自主"意指夺回由帝国主义势力把持下的中国关税税率决定权和海关行政管理权。自1842年中英《南京条约》签订后，中国的关税自主权就逐步被帝国主义列强控制。这不仅损害中国的国家主权、民族尊严，也严重影响中国民族工商业的发展。中国人民曾多次要求实现关税自主。1925年五卅运动爆发后，在中国人民怒潮的

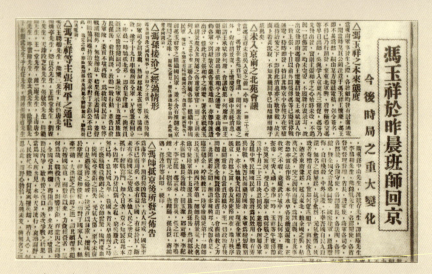

1924 年 10 月，正在直奉大战前线的冯玉祥挥师返京，发动了北京政变，电邀孙中山北上，共商国是。图为北京《晨报》关于北京政变的报道

五卅运动中，中共北京区委领导了轰轰烈烈的声援上海工人的反帝爱国运动。图为 1925 年 6 月 25 日全国总示威日，北京 20 万群众在天安门前集会，悼念遇难同胞，并举行游行示威

陈乔年画传

1925 年下半年，以北京为中心，发起了反对关税会议，要求关税自主的运动。图为群众在天安门前召开国民大会的情形

力争关税自主 反对滬案重查 北京爱国运动大同盟

打倒帝国主义 取消不平等条约 北京爱国运动大同盟

关税自主运动期间以北京爱国大同盟名义张贴的标语

震撼下，帝国主义列强被迫同意召开关税会议。8月19日，段祺瑞政府向有关帝国主义国家发出邀请。10月26日，中英美日法等13国代表参加的关税特别会议在北京开幕。会议的主要议题是讨论增加附加税、裁废厘金和修订中国关税税则等问题。这样的关税会议显然与人民要求的关税自主背道而驰，遭到全国人民的激烈反对。中共北方区委决定利用这一时机，领导群众开展大规模的斗争，揭露帝国主义侵略的本质，争取实现关税自主。在中共北方区委的领导下，10月下旬至11月下旬，北京各界民众不顾军警阻挠和镇压，连续举行集会和示威游行，要求废除不平等条约。仅10月26日当天的游行示威中，就有学生十多人被反动军警打伤。11月19日，关税会议通过以裁撤厘金为条件的关税自主案。消息传出，北京民众再次发起在天安门前召开关税自主国民示威运动大会。22日，群众冲破反动军警封锁向天安门集中时，又有包括北京大学教授马叙伦、于树德在内的百余人受伤。

中共北方区委因势利导，根据共产国际联共（布）提出的推翻奉系军阀控制的北京政府的要求，把北京民众反对关税会议的斗争和倒段反奉运动紧密结合。11月，奉系将领郭松龄倒戈，联合冯玉祥，反对张作霖。这时，又传来国民军要换防的消息。中共北方区委认为可以利用国民军中的中共党员张兆丰率领其部进

陈为人（1899—1937），湖南江华人，曾在极端困难的情况下，保护了中央文库的安全

入北京市区接防的时机，发动北京群众，举行"首都革命"，一举推翻段祺瑞政府。在讨论这个问题时，陈乔年分析了当时敌我力量，认为：北京的群众运动虽有很大发展，但缺乏自己的武装力量；国民革命军虽然倾向革命，但力量不够强大，而且也不甚可靠；而奉系军阀为主的反革命力量，虽因郭松龄倒戈受挫，但由于得到日本帝国主义支持，仍有较强的力量。因此，他认为举行"首都革命"的时机还不成熟，应该等待时机成熟再作考虑。但会议讨论的结果否定了他的意见，通过了立即发动革命的决定。陈乔年虽然声明保留自己的意见，但对区委集体通过的决议

1925年11月，在"首都革命"中北京群众连日举行示威游行，强烈要求段祺瑞下台。图为各界群众在神武门前举行国民大会

神武门大会后，群众包围了段祺瑞住宅

陈乔年画传

坚决执行。为加强对这次运动的领导，成立了由赵世炎、陈乔年、邓鹤皋、陈为人等组成的行动委员会，具体负责"首都革命"发动工作。

11月28日，以推翻段祺瑞政权为目标的"首都革命"爆发。示威游行队伍从神武门出发，高喊"打到军阀政府"的口号，沿途散发《中共北方区委宣言》等十几种传单，一度包围了段祺瑞住宅。第二天继续召开的国民示威运动大会，通过解除段祺瑞一切权力，由国民裁判；解散关税会议，宣布关税自主；组织国民

北京蒙藏学校旧址

政府临时委员会；惩办卖国贼等项提案，并通电全国。行动委员会试图发动武装起义，推翻段祺瑞政府的统治。由于敌人的强大，加之国民党右派的破坏和承诺支持群众革命行动的国民军将领态度的动摇，"首都革命"没有达到预期目的。

　　"首都革命"是党力图离依靠群众进行城市暴动，推翻封建军阀统治，夺取政权的一次尝试。陈乔年等许多共产党员站在前列，积极组织和领导群众同军阀政府进行坚决的斗争，削弱了军阀势力对广东革命政府的压力，推动了全国革命运动的发展。实

1925年10月30日，中共北方区委和共青团北方区委联合发表《致中国国民党党员书》，揭露国民党右派破坏活动的性质，表明我党坚持团结、反对分裂的态度

践也证明，陈乔年事前对革命形势的分析是正确的，而他坚决执行组织决定不打半点折扣的行为也令人敬佩。

内蒙古地区是蒙古族的主要聚居地。中共北方区委十分重视内蒙古地区人民的革命斗争。通过蒙藏学校培养革命青年，派人到内蒙地区开展工作，选派蒙古族青年到苏联等地学习。1925年9月，中共北京区委在张家口建立地委，领导绥远、察哈尔、热河三特区的工作。11月，在中共北方区委的主持下，在张家口又召开了西北农工兵大同盟成立大会。大会选举李大钊为大同盟书记，并决定出版机关报《农工兵》。这是党的联合战线政策和民族政策的一大成功，对西北、内蒙地区的民主革命运动起了很大推动作用。

随着革命形势的发展，国民党右派的活动也日益加紧。早在1925年春，孙中山病危期间，冯自由等人即在北京成立国民党同志俱乐部，反对共产党，破坏国共合作。3月12日，孙中山逝世后，国民党右派的活动更加猖狂。1925年11月，谢持、邹鲁等十多人盗用国名党中央执行委员会的名义，在北京西郊碧云寺召开所谓的国民党一届四中全会（亦称"西山会议"）。会议以反俄、反共、破坏国共合作为宗旨，公开反对孙中山的三大政策。面对西山会议派的进攻，中共北方区委团结国民党左派进行了有针对性的批判斗争，揭露了他们的分裂阴谋及活动。

忙碌的组织部长

陈乔年在中共北方区委工作时，由于党创建时间不长，还处于幼年时期，组织不甚严密。陈乔年工作非常全面、细致，他精心设计了多种表格，发给各级组织使用，以方便加强对各级组织和党员的管理。这些表格在实际工作中起到了很好的作用，后来党中央还向各地转发过他设计的表格，推广北方区委的经验。

陈乔年性格开朗，平易近人，无论斗争如何艰苦，工作如何繁忙，始终保持革命的乐观主义精神。他的言谈举止风趣活泼，在工作中，往往几句话就能使人精神振奋，所以同志们都乐于同他在一起。曾在中共北方区委工作过的夏之栩于1958年在《中国工人》上专门发表了回忆他的文章：

> 我被调到党的机关工作后，认识了乔年同志。一年多的时间，我们经常在一起。乔年同志很活泼，爱谈笑，有青年学生的朝气，充沛着革命的乐观主义，青年同志都很喜欢他。他还有点孩子气，休息的时候，他还喜欢打闹着玩。（王）若飞同志他们来了，一进门，他们常常打闹地玩一阵，有时甚至扭在床上打几下滚，然后，坐起来，正正经经地谈工作。他喜欢谈笑，可是，惹得他生了气的时候，他可以整

天不开口，不说话。我们知道了，就想办法引他说话，直到他开口为止。以后，他这个特性就被我们抓住了。

乔年同志生活很有情趣，很热情、乐观。同时，他对工作十分负责，十分刻苦。他很忙，白天经常到工厂、学校去进行组织、宣传工作；晚上，就为党的刊物写文章，为党的训练班准备讲稿，往往彻夜不眠。我们机关里经常赶印宣传品，我和另一个女同志担任刻钢板和油印工作。我那时年轻，最怕熬夜，夜里工作，常常打瞌睡。乔年同志知道我们的毛病，在加夜班时，他常常一面写东西，一面陪着我们。他写完了文章，就帮助我们印文件。我们见他工作很繁重，

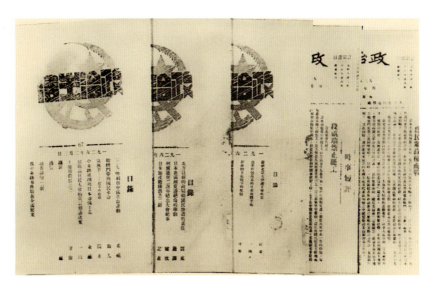

中共北方区委的机关刊物《政治生活》

身体也比较消瘦，担心熬夜多了影响他的身体，劝他早点去睡觉，他听了就笑着说："我可不呢，我去睡吗，恐怕还未睡着，而你们这些瞌睡虫早就呼呼睡着了。好吧，你们睡了，我也睡了，文件也就跟着睡了，这样，我们的工作也都睡了啦！"他这一说，引得大家哈哈大笑起来，这一笑，我们的瞌睡也就跑了。同时，从他的话中，又使我们认识到我们的工作与革命的关系，更使我们的精神振奋起来。因此，每当我们工作的时候，很希望乔年同志和我们在一起，给我们打打气，使我们更精神百倍地完成任务。

在组织扩大和革命形势迅速发展的进程中，中共北方区党组织清醒地认识到，必须加强反帝反封建的舆论宣传工作，加强对党员和革命群众的思想政治教育。为适应斗争形势的需要，中共北方区党组织创办了机关刊物《政治生活》。

但当时因为军警检查很严，创办进步刊物和印刷传单很困难。私营印刷厂，有的不敢承印，有的则趁机抬高印价。党的刊物经常印不到两三期，就需要更换印刷厂。经李大钊提议，中共北方区委决定以工人罢工运动中发展起来的一部分进步印刷工人为基础建立自己的秘密印刷厂。李大钊交由陈乔年具体负责筹办事宜。开会时，陈乔年询问有经验的印刷工人们建成一所印刷厂需要多

罗亦农（1902—1928），湖南湘潭人。
在莫斯科东方大学即与陈乔年相识

长时间。工人们说一般需要两三个月。陈乔年说时间太长不行，然后提出两个星期内建成。他安排工人们分头去采购了很多旧机器，很快一个小型的印刷厂就秘密地建起来了。虽然规模不大，但解决了《政治生活》的印刷问题，中央的机关刊物《向导》也可在北京按期翻印。为避免敌人的破坏，印刷厂白天印刷一般的稿件，晚上印刷党的刊物和其他宣传品。敌人也一直没搞清这个印刷厂的真面目。就这样，这个由陈乔年主持创建的印刷厂，在敌人的眼皮子底下坚持了很长时间，以后虽然转移了地方，但仍然坚持印刷，为推动革命运动的发展，发挥了重要的作用。

革命形势的迅速发展，急需大批干部到各地开展工作，而许多干部没有系统学习过马克思主义的基本理论，不能适应组织发展和斗争的需要。中共北方区委意识到干部培训的重要性和紧迫性，并向中共中央作了汇报。1925年10月，中央批准了北方区委创办党校的计划，并指派罗亦农为党校的校长。北方区委党校的校址设在鼓楼北大街西边的蒋养房胡同。考虑到几十个人住在一起，很容易引起外界的注意和怀疑，为安全起见，在开班前便以"北京职业补习学校"名义向教育部门申请了注册，还从天津调来一名党员充当名义上的校长，但只负责教学用具和膳宿工作，实际的校长是教务主任身份的罗亦农。作为中共北方区委的组织部长，陈乔年是党校的授课教师之一。中共北方区委党校在不到三个月的时间里，培训了约200名学员，为北京和北方各省培养了一批急需的干部，对北方各地党组织的发展和革命活动的开展起到了重要作用。

中共北方区委党校授课表

讲授人	授课内容	讲授人	授课内容
罗亦农	政治经济学常识	赵世炎	农民运动
罗亦农	历史唯物主义	陈乔年	马克思主义阶级斗争理论
罗亦农	世界革命史	陈乔年	党的建设
赵世炎	列宁主义	陈乔年	世界革命形势和国际共产主义运动概况
赵世炎	殖民地半殖民地民族解放斗争	萧　三	关于共青团的任务和学生运动
赵世炎	共产党在民主革命阶段的任务	刘伯庄	关于党的国共合作统一战线问题
赵世炎	职工运动		

陈乔年在北京工作时，他的父亲陈独秀和哥哥陈延年都曾因参加会议去过北京。负责会务的同志知道他们父子兄弟之间见面不容易，曾有意安排他们住在一起，让他们好好聚一下。但是他们父子兄弟的心思全都在会议和工作上，很少考虑个人的事，坚持与其他与会人员一样，并不接受特殊的安排。

"三一八"血染衣衫

　　正当全国革命力量积极准备北伐之际，日本帝国主义在天津挑起了大沽口事件。1926年3月12日，日本军舰掩护奉系军阀的舰队进攻天津大沽口，炮击国民军阵地。国民军予以正当还击，日舰被逐出大沽口。当晚，中国守军向日本驻津领事提出抗议，而日本却颠倒黑白，狡称国民军先开炮。3月16日，日本外务省就大沽口事件要求中国政府向日本政府谢罪，赔偿损失，并声言以上要求如得不到圆满答复，将采取强力手段。当日下午，英、日、法、美、意、荷、比、西八国公使为大沽口事件向中国政府递交最后通牒。各帝国主义国家的20余艘军舰群集大沽口，公然施行武力恫吓。

　　面对帝国主义的侵略行径，北方民众奋起反抗。1926年3月16日下午，李大钊指示中共北京地委召集活动分子会议，陈乔年、刘伯庄、陈为人、邓鹤皋、陈毅等100余人到会。会议认

1926 年 3 月 18 日, 在中共北方区委的领导下, 中共北京地委会同国民党左派及北京各界群众在天安门前举行抗议八国最后通牒国民大会

为, 最后通牒无异于第二个八国联军, 我们党目前的任务就是联合国民党左派行动起来, 组织大规模的抗议斗争。17 日下午, 国共两党在北京大学三院召开反对八国通牒联席会, 决定 18 日在天安门召开国民大会, 举行大示威。18 日晨, 中共北方区委在李大钊主持下召开紧急会议, 研究 17 日请愿团去外交部和国务院请愿的情况, 讨论国民大会和游行示威的准备工作。陈乔年和赵世炎、萧三、刘伯庄等出席会议, 陈乔年还在会上做了工作报

群众在段祺瑞执政府门前广场与军阀卫队对峙

告。上午，北京各界群众来到天安门前参加国民大会。会场搭设一个简易主席台，上悬两条横幅，"反对八国通牒国民大会"和"反对八国最后通牒大示威"，主席台旁悬挂着 17 日到国务院请愿时被卫队打成重伤的杨伯伦的血衣，还写有"段祺瑞铁蹄下之血"的字样。

天安门前的国民大会结束后，群众举行游行请愿。陈乔年和李大钊等中共北方区委的领导成员全程参加。下午一时多，当数千人的请愿队伍到达段祺瑞执政府门前时，与军阀卫队发生对峙。卫队开枪时，陈乔年正站在广场西侧靠近执政府门前的队伍中。卫队开枪后，群众纷纷逃奔，陈乔年一边大喊不要乱，一边

群众在执政府门前运送伤员

不顾个人安危，掩护群众撤退。卫队一面开枪射击，一面端着刺刀向示威群众扑来。执政府门前变成了杀害爱国志士的屠场，鲜血横流。陈乔年在行动中被卫队士兵刺伤了胸口，差一点就刺到心脏，鲜血顿时染红了上衣。他忍着痛苦，坚持到最后，被同志救起后到苏联大使馆作包扎治疗。当晚李大钊来到苏联大使馆与中共北方区委的其他领导人一起讨论善后事宜和应对策略，见受伤后的陈乔年面色煞白，无力地支撑在那里，叮嘱他说："乔年你受了伤，不必勉强支持，你去休息罢！就住在这里，明天好换药！"陈乔年休息了不到两天，就又重新投入到工作中去。同志们劝他等伤口好了以后再去，他不听，还是日夜奔走工作。

　　"三一八"惨案发生后的第二天，军阀政府就下令对中共北

　　　　　　　　　　　陈乔年画传

令行令仰該轉遵速辦理可也此令

合

以杜亂源而用綏安地方除通令嚴加查究

疫由該各軍民長官督飭所屬嚴加查究

由京師軍警竭力防衛外各省區軍民一律

陰謀覬覦國家秩序發生尾間次要乱除

紀殊堪痛恨查诚暴徒等潛国家典法

傷似此聚眾擾乱危言亂炸彈手榴木棍裝

警軍警冬軍警擾乱危言亂炸彈手榴木棍祝裝

團務院發灌大油抱卹炸彈手榴木棍裝

京師警察廳

委員合名義敬市得軍率領暴徒闌裝

象展學事端李由徐謙以共產黨熏執行

易培基顧兆熊等倘共產學說嘯聚群

執政令開应軍以來徐謙李大釗李煜瀛

為通令事本日奉

令内部警廳

訓令第號

一件直呈大陸源建亚   執政府令嚴拿徐謙等张小 由

中華民國十五年三月 擬稿   三月廿日譯發

京師警察廳

總

秘書

處長 蕭志中

用文瀚

程建勳

稿紙

"三一八"惨案后的第二天，军阀政府下达逮捕李大钊的通缉令

方区委书记李大钊等人和进步学生进行通缉。由于革命形势恶
化，在北京的中共北方区委领导机关被迫转移到了苏联大使馆
（原沙俄使馆）西院的旧兵营里。虽然段祺瑞在各界声讨中宣布
下台，但在英、日帝国主义支持下，奉系军阀实际控制了北京，
白色恐怖笼罩北方。在苏联大使馆门口经常停放着几辆人力车，
一些军阀密探伪装成车夫探头探脑，干部有随时被捕的危险。4
月下旬，军阀以"宣传赤化"罪名查封京报馆，逮捕并杀害了时任社长的共产党员邵飘萍。8月，《社会日报》主笔林白水因抨击军阀统治，也被扣上赤化罪名遭杀害。

在越来越险恶的形势下，陈乔年等中共北方区委领导人坚守在岗位上，坚持联合战线，在艰苦的环境中发展壮大组织。在军事工作上，大革命时期，年幼的中国共产党还不懂地掌握政权和武装的重要性。根据共产国际和中央指示，团结、争取冯玉祥和

1926年9月17日，冯玉祥在五原誓师。图为国民军总司令冯玉祥（左1）和总政治部副部长刘伯坚（左3，共产党员）在誓师大会上

国民军是此时党在北方地区军事工作的重点。1926 年 8 月，在与奉、直、鲁、晋军阀的混战中，冯部的国民军从南口退守到绥远一带，处境更加艰难。在苏联和中国共产党的直接帮助下，到苏联考察学习的冯玉祥于 8 月启程归国，9 月 17 日在五原誓师。中共中央和中共北方区委先后派遣和抽调大批共产党员和进步青年到国民军中开展政治工作。为进一步解决实际工作中遇到的问题，根据中共北方区委指示，陈乔年代表中共北方区委于 10 月中旬到 11 月初，前往察哈尔、热河、绥远地区考察工作，并到

北方区对于三特区及西北军中工作的意见

（一九二六年十月十八日）

一、在三特别区工作方面

………（此处从略）

二、在西北军中党的工作

………（此处从略）

北方区因感觉过去三特别区工作之遭 [糟] 及现在西北军中工作之重要，特派 XX 同志去西北一行，沿路巡视各地工作，并至五原与伯坚接头，考察该方实在情形及目前一切纠纷的问题（在军中同志的）。至于三特（别）区及西北军中工作具体详细计划，须俟 XX 同志归来时才能规定，因这样比较切实些。

《中央政治通讯》第 10 期
1926 年 11 月 23 日

（摘自中国李大钊研究会编：《李大钊全集》）人民出版社 2006 年版。）

1926 年 10 月中旬到 11 月初，陈乔年代表中共北方区委到察哈尔、热河、绥远地区考察工作，并前往国民军中。图为《北方区对于三特别区及西北军中工作意见》提到的陈乔年此行目的计划

苏联使馆西院旧兵营里中共北方区委的办公处所

五原同担任国民军总政治部副部长的共产党员刘伯坚接洽。李大钊在听取了陈乔年的考察报告后，专门向中央进行了汇报。1926年11月，中央还据此形成《对国民军中工作方针》。

为了配合北伐，加强主要战略方向上的力量，中共北方区委不失时机地选派干部南下工作或参加北伐军。1925年上半年，赵世炎、陈毅、邓培、辛焕文、安体诚等北方区干部先后离开北京。夏秋时，中央再次指示北方区委：由于北伐的国民革命军即将攻克武汉，准备成立武汉中央局，急需用人，要李大钊急速带一批干部南下武汉工作。陈乔年此后也里离开了北京。离开北京时，他还有一项重要任务，就是代表中共北方区委出席中国共产党第五次全国代表大会。

CHEN QIAONIAN

转折关头　坚守信仰

出席党的五大

陈乔年离开北京后，到了上海。上海的朋友们见到的陈乔年，丝毫没有因留学和担任党内领导职务变得不接地气，依旧是穿长衫、布底鞋，像个普通的学生，心里都很佩服。这期间，上海先后爆发了三次工人武装起义。陈乔年积极参与其中，在工人和身边的朋友中间传播马克思主义。

陈乔年和郭伯和一起，介绍亚东图书馆的汪原放加入了共产党。当汪原放对陈乔年提出入党意愿后，虽然两人已是多年的朋友，但是陈乔年并没有马上答应，而是委婉地说"放到解剖台上

郭伯和（1900—1927），四川南溪人。曾任中共江苏省委组织部长。1927年6月与陈乔年的哥哥陈延年一起被捕，后牺牲

汪原放（1897—1980），安徽绩溪人。图为 1928 年 9 月 24 日亚东图书馆编辑所同人合影，后排左四是汪原放，是年陈乔年牺牲，汪原放和他的叔父汪孟邹等人曾设法营救

看看，看来看去，你是一个国民党左派"。考察了一段时间后，他才通过组织程序正式介绍汪原放入党。汪原放入党后，很快成了党组织在出版印刷行业的一名基层骨干，参加了上海工人第三次武装起义期间的活动。党的五大前，汪原放来到武汉，根据业务专长被党组织安排在汉口《民国日报》工作，同时兼任党内中

汉口"一三"惨案时英国水兵与武汉民众对峙场景

央出版局职务，联系党组织设在武汉的长江书店、长江印刷厂，并参与开设宏源纸行，解决印刷用纸问题。

　　1927年4月上旬，陈乔年等一行人，乘船从上海出发前往武汉。大革命高潮的到来，引起了帝国主义列强的极大恐慌。此时，帝国主义列强为了维护他们在长江流域的殖民权益，借着晚清以来签订的种种不平等条约所取得的特权，将军舰横行在长江江面上，干涉中国革命。先后发生的万县惨案、汉口"一三"惨案、九江"一六"惨案，激起了中国人民的极大愤慨。3月，当

1927 年 4 月 27 日至 5 月 9 日，中国共产党第五次全国代表大会在武汉召开。图为大会开幕地点——武昌高等师范第一附属小学

北伐军占领南京时，停泊在长江上的英美军舰还炮击南京。1927年初发生的震惊中外的收回汉口、九江英租界的斗争，表达了中国人民的极大愤慨。陈乔年一行乘船赶往武汉途中，就感受到了长江上紧张的情势。英国兵舰时不时和他们乘坐的客轮并排向前。快到黄泥岗的时候，岸上传来枪声，子弹打在船边沿栏杆的铁板上。很多乘客都受到惊吓，不少人感慨"我们的长江到什么

时候才能不让帝国主义的船只横行呢?"

中共第五次全国代表大会于 4 月 27 日到 5 月 9 日在武汉召开。出席大会的代表 82 人，代表全国 57967 名党员。大会召开时，分别组成了政治委员会、农民土地问题委员会、职工运动委员会和秘书处。陈乔年是政治委员会成员之一，并在大会上作了发言。大会选举了党的中央委员会，由 31 名正式委员和 14 名候补委员组成。随后举行的五届一中全会，选举陈独秀、蔡和森、李维汉、瞿秋白、张国焘、谭平山、李立三、周恩来为中央政治局委员，苏兆征、张太雷等为候补委员；选举陈独秀、张国焘、蔡和森（后增补瞿秋白、谭平山）为中央政治局常务委员会委员（周恩来曾代理常委），陈独秀为总书记。大会在党的历史上第一次选举产生中央监察委员会，由正式委员 7 人、候补委员 3 人组成。

中央委员三十一人

陈独秀　李维汉　瞿秋白　蔡和森　李立三　邓中夏　苏兆征　项英　向忠发　张国焘　罗亦农　赵世炎　张太雷　陈延年　谭平山　周恩来　刘少奇　任弼时　恽代英　彭湃　夏曦　贺昌　易礼容　彭述之　杨之华（女）　罗珠（女）　罗章龙　李涤生　顾顺章　杨其珊　陈乔年

候补中央委员十四人

毛泽东　郭亮　黄平　吴雨铭　陆沉　刘伯庄　袁达时　毛

科文　陈潭秋　薛六　林育南　庄文恭　李震瀛　王亚璋（女）

中央监察委员七人

王荷波　张佐臣　许白昊　杨匏安　刘竣山　周振声　蔡以忱

候补中央监察委员三人

杨培森　萧石月　阮啸仙

五大闭幕后，从5月至7月底，陈乔年一直在中共中央工作，担任中共中央组织部副部长，并一度主持组织部工作。6月，还代理中央秘书长。正值国民革命形势风云突变，中国共产党遭遇了成立以来前所未有的考验。中央几乎每天都要开会研究情况，制定对策。仅5月到6月，两个月内中央就召开了四十多次会议。期间，中央陆续对多个地方党委进行了人事调整，全国各地来武汉找党中央请示汇报工作的党员、干部也有上千人，而五大后的《党章》还规定要在所有非党群团中建立党团组织。中央会议涉及的组织议题由组织部事先研究提交议案，会上决定的干部任免调动事宜交由组织部逐一落实，这些基本都要陈乔年负责。据不完全统计，陈乔年直接参加、列席的中央会议就有十多次。在汪精卫"分共"前后，陈乔年所在的中组部作了大量具体的疏散和撤离干部的工作，根据干部的不同情况进行分配，并解决他们的交通、经费等问题。

武汉胜利街的中共中央
机关旧址，陈乔年曾在
这里居住

　　陈乔年是作为中共北方区委的代表出席党的五大。在中共北
方区委遭严重破坏和李大钊牺牲后，中共中央决定撤销中共北方
区委，成立中共顺直省委。顺直省委计划由 13 名委员组成，陈
乔年拟任省委委员兼农民部长，但因忙于中央的工作，所以未能
到职。

关键时刻履职武汉

党的五大闭幕后，武汉国民政府所辖地区的危机越来越严重。5 月，原驻宜昌的夏斗寅率部进逼武昌。同月，许克祥在长沙发动"马日事变"，捕杀共产党和革命群众。6 月，朱培德以"礼送出境"为名，把大批共产党和国民党左派逐出江西，查封革命团体，逮捕工农领袖。以汪精卫为首的武汉国民党中央和国民政府迅速走向反动。

面对这种形势，共产国际和中共中央仍然把汪精卫看成是国民党左派。鲍罗廷和陈独秀等仍把希望寄托在北伐军同冯玉祥部的会师上。但这时冯玉祥的政治态度发生了急剧变化，到徐州同蒋介石等举行会谈，倒向蒋介石一边。事态的这种发展，大大加快了汪精卫集团的反共步伐。7 月 15 日，汪精卫召开国民党中央常务委员会扩大会议，以"分共"名义，正式同共产党决裂，公开背叛孙中山制定的国共合作政策和反帝反封建纲领。随后，汪精卫集团对共产党员和革命群众实行大逮捕、大屠杀。至此，国共合作全面破裂，由国共两党合作发动的大革命宣告失败。

在极端危急情况下，为挽救革命。1927 年 8 月 7 日，南昌起义后的第六天，中共中央在武汉召开紧急会议（即八七会议）。

汉口《民国日报》刊载的声讨夏
斗寅的消息

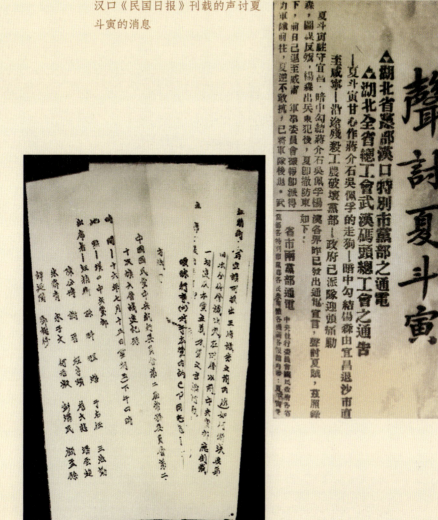

1927年7月15日武汉国民党中央常务委员会扩
大会议（即七一五"分共"会议）记录

1927年8月7日，中共中央在湖北汉口开紧急会议（即八七会议）。图为八七会议旧址：汉口三教街41号

八七会议会场（复原图）

陈乔年作为中央委员出席了八七会议。这是会议的记录

陈乔年画传

陈乔年作为中央委员出席了会议。会议着重批评大革命后期以陈独秀为首的中央所犯的右倾机会主义错误，确定土地革命和武装反抗国民党反动派的总方针。这是由大革命失败到土地革命战争兴起的历史性转变。

八七会议后，为加强湖北的工作，中央调陈乔年为中共湖北省委常委兼组织部长，时任省委书记为罗亦农。经过一段时间准备，中共中央机关在9月底至10月上旬由武汉迁往上海。为能及时领导长江流域各省的革命斗争与党的工作，中央决定设立长江局，管辖范围包括湖北、湖南、河南、江西、四川、安徽、陕西7省，后又增加甘肃省。10月2日，长江局在李维汉主持下召开了第一次会议，会议宣布长江局由罗亦农、陈乔年、任旭、王一飞、毛泽东五人组成，罗亦农任长江局书记兼八省军事特派员，易礼容担任秘书长。但因毛泽东、易礼容后未能到职，实际上长江局主要成员都是湖北省委的人员。长江局成立后，罗亦农调任长江局工作，中央决定由陈乔年接任中共湖北省委书记。

中共湖北省委员会（1927.10—1927.11）

书　记　陈乔年

委　员　汪泽楷（常委、组织部长）

　　　　林育南（常委、宣传部长）

任 旭（常委、农委主任）

李震瀛（常委、工委主任）

黄五一（常委、继李震瀛为工委主任）

石炳乾

熊映楚

秘书长 石炳乾

11月22日，代表湖北省委出席中央临时政治局扩大会议的任旭从上海返回武汉，传达了中央会议精神。按中央要求，各地省委进行统一的改组。根据中央通知，陈乔年仍任省委书记。

中共湖北省委员会（1927.11—1927.12）

书 记 陈乔年

委 员 任 旭（常委）

郭 亮（常委）

黄五一（常委）

余茂怀（常委）

关学参

刘昌群

秘书长 石炳乾

陈乔年在湖北时，相继得到了李大钊、陈延年、赵世炎等同志被反动派杀害的噩耗，悲痛异常。特别是他的哥哥陈延年的牺牲，更使他难过万分。但悲痛并未减弱他的斗志。因白色恐怖，当时湖北省委并不健全，突出表现在人手紧张，省委一度仅剩五十多名技术人员，连武汉三镇活动分子的名单都没有。遇有外出巡视任务时，省委就剩一两个人。面对问题，陈乔年同志冲在前面，表现出了大无畏的品格，工作得到肯定。1927 年 9 月，湖北省委书记罗亦农在向中央会议提交的一份报告中就说：8 月 10 日省委看见工作太不好，决定省委的人都分别到基层联系指导工作，结果陈乔年联系指导的地方，工作好转的非常快。于是省委又决定由陈乔年一个人再下基层去指导一周的时间，这一周的工作非常之好。

荆楚大地的星火

1927 年下半年，陈乔年履职湖北这段时期，白色恐怖日益加剧。虽然控制国民党的反动集团本身也是派系林立，不断进行明争暗斗，甚至兵戎相见，使武汉处于不稳定的政局中，但他们对共产党人和革命群众的镇压却一刻也没有放松。

8 月到 11 月间，湖北政局尚在汪精卫、唐生智的控制之下。汪精卫集团在宣布"分共"后，一开始还在口头上表示"保护共产党人之身体自由"，"而不用激烈的行径"，以显示与蒋介石集团的不同。但不多久，汪精卫和平"分共"的假面具就彻底暴露

一九二七年三月—八月全国各省因革命而牺牲者的数目之统计表（全国清党调查）

省名	被殺者	受傷者	被捕者	逃亡者	家屬人口
江蘇	一五〇〇	二〇〇	五〇〇		一三〇〇
浙江	九〇〇	五〇〇	一一〇〇		八〇〇
福建	一〇〇〇	五〇〇	一〇〇〇	八〇〇	一六〇〇
廣東	二〇〇〇	三〇〇	五〇〇	四〇〇	四〇〇
廣西	二〇〇〇	三〇〇	五〇〇		
湖南	二〇〇〇〇	二五〇〇	五〇〇〇	一〇〇〇〇	一〇〇〇〇
湖北	二〇〇〇	五〇〇	四〇〇〇	五〇〇	四〇〇
江西	五〇〇	四〇〇	一〇〇〇	三〇〇〇	四〇五〇
安徽	一二〇〇		一二〇〇	一五〇	一五〇
四川	一二〇〇	一五〇〇	三〇〇	一二〇〇	一二〇〇
雲南	八〇		二〇〇		八〇
貴州	五〇		五〇		五〇
山東	三〇〇		五〇〇	四〇〇	三〇〇
直隸	一〇〇		六〇〇	四〇〇	二〇〇
河南	五〇	五〇〇	五〇〇	八〇〇	五〇〇
山西	五〇		四〇〇		五〇
陝西	五〇	二〇〇	一〇〇	一〇〇	五〇
甘肅	一〇〇		五〇〇		五〇
東北諸省					
總計	二九〇三〇	四三〇〇〇	二四九〇〇	三三一〇〇	二八三二八

中国济难总会对 1927 年 3 月至 8 月全国因革命而牺牲的调查材料，六个月被杀者即近 3 万人

了。8月8日，国民党中央政治委员会公开通过"清党"决议，决定：

　　（一）各级党部及国民政府、各行政机关任职人员，须一律登记声明有无跨党，以凭考核，而定去留；（二）著名之CP分子（CP，共产党代称），应由地方军警严重监视，如有反革命行为，应即拿办；（三）有共产党嫌疑者，令其

于三日内登报声明反对共产党，或发表文字反对共产党；（四）如有 CP 分子潜伏各级党部、各行政机关，既不退出又不声明脱离共产党者，以反革命论。

武汉三镇白色恐怖一天比一天厉害起来。"工人、学生被捕者，每日必有数人或数十人。在此时期党的机关亦时常被破"，几乎每日均有枪决共产党员的事。9 月上旬湖北省委一份给中央的报告显示，武汉三镇党员的数量从 1927 年 7 月中旬的 8000人，减至 7 月底的 3000 人，8 月初的 2500 人，8 月中旬的 2000人，到 9 月 10 日仅剩 1269 人。

10 月至 11 月间，爆发了国民党内部的宁、汉之战，汪精卫、唐生智先后出走武汉，国民党桂系的胡宗铎、陶钧任武汉卫戍正、副司令。他们二人纠集军力，在桂系内部形成湖北军事集团，实际控制湖北长达一年半时间。胡、陶统治武汉时期，实行血腥的"反共"屠杀政策，是武汉历史上最黑暗、恐怖的时期之一。"宁可错杀三千，不可漏掉一个"就出自他们之口，人称他俩为"屠户"。

敌人实施戒严政策，下令解散民众团体，声称："共产党把持民众团体，为正本清源计，将所有公会、农民协会、商民协会、妇女协会、学生联合会，一律暂行解散。如有假冒名义，希图煽惑者，依法惩治。"汉口的苏俄使馆被封，捕去数十同志。武昌武胜门外纱厂被捕去数十工友，武昌各大中小学全被封，被捕去学生、教员在百人以上。这些被捕去的人，在此期间全被屠杀。女同志被枪决前后，还遭不堪的侮辱。单是在农历腊月底二十六、二十七日两天，即被枪决72个同志……反革命的疯狂，敌人对革命者和人民的残暴，如果不身历其境，简直连想也想不到。在武汉有过亲身经历的陶承在《我的一家》中回忆：

几个朋友，安闲地在室内谈笑，突然窗口会飞来一阵枪弹，人们在血泊中呻吟着倒下了。而第二天，反革命的报纸上却会出现这样的消息：共产党于某地密谋起事，为自卫团获悉，当场击毙多人。

一个年轻姑娘，仅仅因为扎着一条红头绳，就被当做"共产党的密探"，而被真正的密探架走。没有多久，人们就在江边发现她的尸体。

元宵节，一个住户在门前挂着红灯，竟被说成是"起事的信号"。于是，警察闯进来，主人被捉走了。以后，每年这一天，也就成为这一家祭奠死者的日子。

在生死考验面前，在革命前途似乎变得十分暗淡的时刻，要始终如一地保持革命信念毫不动摇，迎着狂风恶浪坚持战斗，并不是容易的事情。在这白色恐怖之下，陈乔年和他的同事高举土地革命的红旗，英勇顽强、不顾一切地坚持与敌人斗争。他们所领导的革命都是很壮烈的，很多人直到牺牲的最后一刹那，还是慷慨激昂地向民众宣传自己所信仰的主义及对中国革命的主张。

八七会议结束后，湖北省委就分批召集武汉各级党组织负责人和积极分子开会，传达会议精神。根据中央计划，湖北省的秋收起义任务是：从政治上扰乱武汉国民党的统治，牵制其对江西的压迫，在经济上抗租、抗税、抗捐、抗粮。起初湖北省委制定了以鄂北地区为重点的武装起义方案，后因形势改变，加以策应南昌、呼应湖南的需要，于是改以鄂南为全省武装起义的中心。

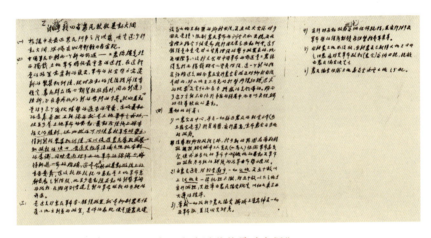

中央制订的《湘、鄂、赣、粤四省农民秋收暴动大纲》

从 1927 年 7 月到 10 月，湖北秋收起义从策划、发动到实施，持续三个月之久，是两湖秋收起义的重要组成部分。湖北省委将全省划分为鄂南、鄂北、鄂东、鄂西、鄂中等 7 个区，在各区建立党的特别委员会，先后派出干部 400 余人到各区巡视和帮助工作。各地武装起义，相互呼应，通城、崇阳、通山、公安等县县城一度被农军占领，乡村的封建势力遭受严重的打击，其间诞生了一些小型的红色武装。

10 月底，湖北省委就秋收起义作了总结，认为虽按原定的计划未能达到预定目标，但其结果有很多方面的积极作用，保存

黄麻起义后，为保存革命力量，鄂东军集合主力由黄安北乡向黄陂县木兰山转移，开展游击战争，后于 1928 年初改编为中国工农革命军第七军。图为木兰山区

了党的组织，使同志了解土地革命的意义，锻炼出能够斗争的党员，动摇了武汉的反动统治。在领导秋收起义的实践中，湖北省委还适时提出了游击战争、武装割据的主张，让秋收起义的火种，点燃荆楚大地，日益成为燎原之势。

10月下旬，湖北省委派人到鄂东的黄安、麻城地区巡视，并组建黄麻特委。11月，爆发了以攻占黄安县城为标志的黄麻起义。起义军占领黄安县城后，成立了黄安农民政府和中国工农革

武汉友益街的中华全国总工会暨湖北省总工会旧址

命军鄂东军。随后，在国民党军队的进攻下，起义军为保存革命力量，转移到黄陂县木兰山区，开展游击战争，为后来鄂豫皖革命根据地的建立奠定了最初的基础。

大革命失败后，湖北省总工会、武汉各产业工会及各行业工会遭解散和改组，各级工会组织遭到严重破坏。武汉八二总同盟罢工后，敌人对各级各类工会的压制更严厉了，大批工会骨干惨遭敌人杀害。湖北省委决定加强秘密工会工作，抓住工人群众，发展经济罢工，建立党的基础，努力做群众的政治宣传，同时鉴于各产业各行业工会已惨遭破坏，省委决定改变指挥方式，按地域就近组织工人运动。10月下旬，湖北省委提出恢复湖北省总工会及各产业工会组织，重新建立工会独立系统的任务。在上述方针的指导下，经过艰苦努力，群众性的日常斗争有所发展，一些基层工会得到恢复工作。

因终日"日出而作、午夜未息"，无暇顾及饮食起居，陈乔年病倒了，病情最严重的时候不进饮食，只能化名秘密地住进武汉的医院治疗。但只要身体条件允许，陈乔年就立即走上战斗的第一线。由于湖北省委的积极工作，特别是用主要精力对省内各级党组织进行了收集、恢复和整理工作，到1927年底，全省被联系上的党员有3800余人，占大革命失败前全省党员数量的四分之一左右。

暴动风波中冷静执着

1927年10月下旬，国民党内部宁汉战争爆发后，唐生智部一路溃败，直至撤出武汉。10月26日，湖北省委会议一致认定唐生智的崩溃很迅速的就要到来，整个湖北有由武装起义夺取政权的可能。27日，湖北省委正式发布《目前紧急斗争决议案》，决定领导工农群众开展普遍的斗争，武装起义夺取政权。随后，省委指令军事部、组织部、农民部、宣传部分头行动起来。省委书记陈乔年与其他同志分区召集武汉三镇的会议，进行动员。

据现有档案，长江局共召开过十三次会议，陈乔年参加过其中的八次。图片是长江局第十次会议的记录和会上通过的《长江局最近政治决议案》

正当湖北省委准备行动时，10月28日，长江局书记罗亦农从湖南巡视返回武汉。陈乔年和省委同志到罗亦农处汇报近期工作情况。在当晚举行的中共湖北省委会议上，罗亦农基于对情势的分析，认为"我们不要把敌人的力量估计的太低，我们自己的力量估计太高，而发生冒险主义的行动"。29日，长江局召开会议专门讨论斗争策略问题，陈乔年等参加，经公开讨论，通过了《长江局最近政治决议案》。该决议案认为"目前绝非继续总的暴动时期"，党不能马上举行武装起义，而是应当加紧各方面的准备工作。

10月30日，陈乔年主持召开中共湖北省委常委会议。会议一致接受长江局的决议案，并决定据此起草湖北省的阶段工作方案。经过多次讨论，最终形成的《湖北省委最近政治、党务决议案》指出：党在湖北这时期的任务是积极领导发展农村及城市中的劳动群众斗争，在这个斗争中提高工农阶级的意识，发展并巩固工农阶级本身的组织和战斗的勇气与经验，扩大党的力量，夺取敌人武装，为武装夺取政权做好准备。

11月7日到14日，按计划主要是开展政治宣传周，为此湖北省委专门发出反对新军阀战争的宣传大纲，对职工运动、农民斗争、士兵宣传等作出指导。但到9日，情况发生了变化，湖北省委从种种迹象中分析得出敌人在武汉的政权将要动摇，认为虽不能马上举行武装起义夺取政权，但也决不能放弃这个机会。于是，10日省委以文件形式迅速地向武汉各级党组织下达了任务。12日，唐生智通电下野，唐部军队开始撤离武汉。同日，湖北省委常委决定第二天举行武汉三镇总同盟罢工。从11日至15日，在新旧军阀交替间，湖北省委领导工农群众进行了罢工、罢市等多种形式的斗争。省委每日发出特别通告，指示当日应做的工作。省委除留必要工作人员与各方面保持联络外，其余人员都分配下去。省委书记陈乔年和工作人员还到徐家棚指导铁路工人开展索薪斗争。

虽然工作很紧张、安排很周密，但受制于主客观条件，行动计划未能一一实现。于是围绕新旧军阀交替，敌人统治短暂空虚时，是否应在武汉马上举行武装起义夺取政权，党内出现了分歧。

12月3日，共青团长江局和团湖北省委的刘昌群、韩光汉给团中央写报告并转中共中央，批评唐生智溃败前后中共湖北省委负责人及长江局负责人"犯了极其严重的机会主义错误，并有畏缩不前，临阵退缩的表现"，要求中央彻底查究。5日，中央临时政治局依据上述报告作出决议，派出苏兆征、郭亮、贺昌组成的特别委员会赴武汉开展调查，期间暂停陈乔年等湖北省委常委和在武汉的时任中央巡视员罗亦农的职权。

苏兆征（1885—1929），广东香山（今中山县）人，八七会议后，任中央临时政治局常委

12月14日，在中央派出的特别委员会主导下，召开了湖北省委扩大会议。会前，陈乔年与任旭、黄五一等湖北省委常委联名向大会提交了书面报告，陈述了本届省委常委此阶段工作情况。会上，面对种种质疑，陈乔年坚持"如果我们不顾环境，随便举行暴动，无异是列宁所说的拿着工农的鲜血来做儿戏"，反对部分人主张的武装起义"取得两三天之政权也是好的"观点，强调"我们在决定暴动政策之时，不能只考虑推翻政权，而且要考虑到新政权的巩固和持续存在问题"。虽然陈乔年的观点得到部分与会代表的认可，但省委扩大会议还是认定长江局和湖北省

瞿秋白（1899—1935），江苏常州人，中国共产党著名的理论家和领导人

委在工作上犯了机会主义错误。

　　此后，以瞿秋白为首的中共中央陆续收到了诸多湖北党内负责同志或单独或联名给中央的申述。在听取各方面不同意见后，同时鉴于广州和各地武装起义的先后失败，中央肯定了反对马上武装起义是正确的，认定长江局和湖北省委没有犯机会主义的错误。但是，中央在决议中批评湖北省委对形势的认识不清、估量错误，以致在决策中动摇不定，在执行中游移迟缓，在军事和技术上准备不充分。

今天回头来看，当唐生智部从武汉溃退时，如果硬是冒险举行武装起义，夺取政权，是不可能取得成功的。党内这场关于军阀混战期间是否举行武装起义的争论始终带有"左"倾盲动错误的色彩。

究其原因，八七会议后中国共产党领导武装起义，开展武装斗争，实现了斗争形势的转变，然而许多共产党人对中国政局的复杂性和中国革命的长期性缺乏正确的认识，加上此时共产国际代表罗米那兹"左"倾理论的指导，同时在大革命失败后，出于对反动派屠杀政策的愤怒，强烈的复仇情绪弥漫于党内与革命群众中，最终使"左"倾情绪逐步滋长起来，并在1927年11月中央临时政治局扩大会议后在党内取得了支配地位。由于在组织上采取惩办主义，当时诸多起义领导人及有关省委的负责人如周恩来、谭平山、毛泽东、彭公达等都错误地受到了不同的政治纪律处分。

此后，中共中央冷静下来重新考虑问题。到1928年4月，这次"左"倾盲动错误在全国范围的实际工作中基本停止。

璀璨芳华　以身许国

CHEN QIAONIAN

赤子情深

陈乔年从十二岁离开故乡安庆，先是辗转北京、上海求学，后又去法国、苏联学习，回国后在北京、湖北、上海多地工作，中间只有和家人的少量书信往来。1927年，在中秋节前后，陈乔年写了一封信托人带回安庆，信中说自己得了重病。母亲收信后，和弟弟陈松年辗转乘船来到武汉，按照信中约定的方式，找到了他留下的秘密接头地点，终于和陈乔年短暂地团聚了一段时间。对于这次难得的团聚，那一年已十七八岁的陈松年印象深刻：

> 那年中秋刚过，我们在安庆的家里接到乔年从武汉托人转来的一封信，信的内容很简单，说他病的厉害，叫我母亲去武汉找他，信内附有他的地址。我母亲收到信后，就带我一起去武汉。我们坐船到了武昌，先在旅馆住下，然后按乔年的地址写了一封信寄出去。地址我还记得，是武昌巡道岭，门牌号码现在忘记了。信寄出好几天，仍不见回音。因此，我们决定自己去找。找到巡道岭一看，才知道这是我嫂子家。原来乔年已经结婚，爱人叫史静仪。当时，乔年和我嫂子都不在。史家的人都不认识我们，也不敢认我们。那时白色恐怖很厉害，史家怕搞错了。后来经过我们反复说明，

他们家才相信我们和乔年的关系，接待了我们。史静仪的弟弟告诉我们，乔年住在汉口俄租界一个德国人开的医院里，身体还未痊愈，史静仪也在那里照顾乔年。这样，我们便从旅馆迁出，先到史家暂住，然后去医院看望乔年。乔年见到母亲和我，十分高兴。过了一些日子，乔年病愈出院，在汉口租了一幢房子，我们也从武昌史家搬到汉口，同乔年夫妇住在一起。我记得乔年夫妇住在楼上，我和母亲住在楼下。后来我们知道这里也成了党的一个秘密机关。当时经常有人到这里找乔年，并和乔年一起开会。

可是谁也没有想到，这次见面成了陈乔年与母亲的最后一次

陈乔年的母亲高氏

见面。次年，陈乔年牺牲于上海。陈乔年的姐姐陈玉莹和弟弟陈松年匆忙到上海为陈乔年料理后事，结果陈玉莹在悲痛的刺激下病逝于上海的医院。1927年到1928年，仅一年多时间，陈延年、陈乔年、陈玉莹等三兄妹先后去世，在安庆老家的母亲悲痛至极，身体越来越虚弱，最终于1930年病逝。多年以来母亲高氏恪守本分，在长辈和子女面前一般不流露内心，默默维持着几番受冲击的家，留下的印象是一双小脚，总是穿着老蓝布或洋布做的长长的大襟褂子，长裤管用小绳子扎紧，没穿过鲜艳的衣服。

在青少年时期，陈乔年与父亲陈独秀之间是有明显隔阂的。因为虽然陈独秀从事的是进步活动，但在孩子的眼中，陈独秀是一个不合格的父亲——非常不顾家且频繁牵累家中。当时陈乔年与哥哥能采取的反抗行动就是在各方面跟自己父亲对着干。这是一种与父慈子爱截然相反的成长过程。不可否认的是，在对父亲的不断对抗中，陈乔年潜移默化地受到父亲和父亲朋友们的影响，在五四前后成长为进步青年。对父辈权威的反抗，与陈独秀的成长过程何其相似。八九岁以前，陈独秀跟着陈独秀的祖父读书，祖父严厉，但是无论祖父怎样打，陈独秀一声不哭，气的祖父怒目切齿，没有任何办法。成年之后的陈独秀在家庭与感情上的各种离经叛道行为，让封建官僚士大夫出身的嗣父陈衍庶不能

毛泽东称陈独秀是"五四运动时期的总司令"。图为安庆独秀园内的陈独秀雕像

陈乔年画传

容忍，陈独秀干脆也不承认这位嗣父，公开说自己是"没有父亲的孩子"。但陈独秀又是重感情的，对自己的母亲和嗣母谢氏（陈衍庶妻子）十分尊敬。在性格上，陈独秀不愿意迁就他人意见，不愿意受人命令指使，对认准的事异常执着的一些特点，也深深影响到了陈乔年。虽然与哥哥陈延年沉静、不爱多说话的性格形成对比，陈乔年偏向活泼开朗。但性格深处，陈乔年流露出来的是执着精神和独立思考能力。后来的一些非共产主义者曾用"死硬"回忆陈乔年，这从侧面印证了他的性格。

长大成人后，成为一名共产主义战士的陈乔年与身为党的领导人的父亲多了一层组织和工作上的关系。在武汉、上海，尽管生活中，陈乔年可以办理父亲交办的事项，但在党内问题上并不迁就父亲。大革命失败后，对于党内普遍对父亲陈独秀的反对和批评，陈乔年也曾对父亲进行过劝说。曾任陈独秀秘书的黄玠然就回忆说：陈乔年夫妇俩来看望父亲陈独秀。在谈话时，陈乔年对父亲陈独秀提出许多批评，但陈独秀却不以为然，坚持自己的看法。这样，他们说着说着便争论起来。结果，父子俩搞得不欢而散。本来陈独秀是准备留陈乔年在这里吃饭的，但陈乔年气得连饭也不肯吃就走了。陈独秀也不高兴，对人说"你看，儿子教训起老子来了！"

其实陈乔年的父亲陈独秀多年来对待子女们态度看似严酷冷

漠，但绝非铁石心肠。据知情者回忆，1936 年，陈独秀在狱中听到西安事变蒋介石被扣押的消息后，简直像儿童过年那样高兴。他托人打了一些酒，买了点菜，斟了一杯酒，呜咽地哭起来，深情地怀念已经为革命牺牲的陈延年和陈乔年。

陈乔年的妻子史静仪是湖北人，1924 年下半年，经组织推荐从国内前往莫斯科东方大学学习，与陈乔年是同学。回国后，两人经自由恋爱结为夫妻。1927 年 4 月上旬，她还陪同陈乔年从上海前往武汉参加党的五大。史家的经济条件较好，当时就住在武汉。那年夏天，两人的第一个孩子在武汉出生，为纪念红色的五

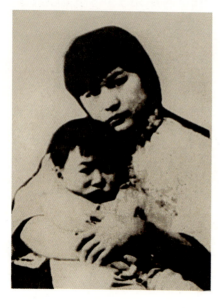

陈乔年的妻子史静仪

陈乔年画传

月，取名"红五"。为适应残酷的白色恐怖环境，当时党的很多机关采取"机关家庭化"的做法来掩护，陈乔年夫妇和孩子曾一同住在中共中央组织部的秘密办公地点，也曾住在党组织秘密开设的"宏源纸行"。夏秋，陈乔年生病，史静仪负责照料，党内工作的事，经常由史静仪在中间转达。年底，史静仪陪同陈乔年从武汉到上海。可惜的是，他们的儿子"红五"于1928年即夭折。在武汉期间，史静仪曾拿家里的东西去卖，帮助党组织筹集经费。多年后，亲历者汪原放回忆：

　　有一晚，乔年和我说："明天是星期日，我们早上过江，到精益（原文如此）家吃饭去罢。"

　　第二天，我们坐了小船到武昌。到了史家，精益同我们一道，过了一厅又一厅，也不知道过了多少厅，房子实在很大。

　　饭后，乔年问精益："搞好了吗？"她说"差不多了，还要上去再拿。"乔年要我一道去看看。穿过几个厅，到了一处漆黑漆黑的房间，里面都是一排排的木架，古色古香的。精益用梯子爬到顶上又拖出了几捆来，递给乔年。

　　快要上船回来时，我禁不住问乔年道："那么一包一包的，是什么？"他道："田契，拿去押、卖。"

　　……

我知道组织上经济有点窘了！田契，地契，押，卖，也好，也对，是正当的用途！

调任江苏

1927年底，陈乔年从湖北来到上海。次年初，任中共江苏省委常委。此时的江苏省委既是江苏省，又是上海市地方党组织的领导机构，省委领导机关及其工作机构驻扎在上海市区。

1927年四一二反革命政变后，中国共产党在上海就处在帝国主义列强和国民党反动集团的血腥镇压下。1927年6月，江苏省委成立伊始，就遭到了租界当局和南京国民政府的血腥镇压。省委书记陈延年、省委组织部长郭伯和等多人被捕。之后，省委代理书记赵世炎也被捕。江苏省委连续遭破坏后，中央决定由王若飞等5人组成江苏临时省委，由王若飞主持工作。8月中旬，江苏省委书记邓中夏到任，临时省委恢复为省委。9月底到10月上旬，驻武汉的中共中央机关陆续迁回上海后，党中央加强了对江苏省委及上海地方党组织的领导。经过一段时间的组织建设和调整充实，到1927年12月，江苏省委除辖南京市委外，还直辖7个上海市区区委、13个县委、10个县特支，另14个县有特派员。此时党员总数为3128人，其中上海1799人。

陈乔年到任江苏省委的前后，恰逢江苏省委在中共中央的就

中共江苏省委的一处旧
址位于上海施高塔路恒
丰里104号。1926年6
月，陈延年、郭伯和等
人在这里被捕，后牺牲

陈延年（1898—1927），安徽怀宁
（今安庆）人，牺牲时任中共江苏
省委书记

近领导下再次调整和充实领导成员。1928 年 1 月中旬，中共中央决定调邓中夏任广东省委书记，由项英接任江苏省委书记，同时调整了省委委员。2 月 10 日，经中央同意确定江苏省委由主席团 4 人、常委 7 人、正式委员 15 人、候补委员 6 人组成。此后人员不时有调整。

中共江苏省委主要领导人员分工和组织机构（1928 年 2 月）

书　记　项　英

主席团　项　英　王若飞　陈乔年　李富春

常　委　项　英　王若飞　陈乔年　李富春　郑覆他　徐炳根
　　　　　黄　平（2 月底到任）

秘书长　余泽鸿

组织工作　陈乔年

宣传、农民运动工作　王若飞

军事、破坏反革命军队运动工作　李富春

职工运动工作　郑覆他

省委主要工作机构：秘书处、组织科、宣传科、军事科、职工运动委员会、破坏反革命军队运动委员会、妇女运动委员会、农民运动委员会

此时，江苏省委落实 1927 年 11 月中央临时政治局扩大会议要求，将省委原有的各部改为科，设组织科、宣传科、军事科等

江苏省委为酱业罢工问题
给沪中区委的训令·
训字第二号
（一九二八年一月十四日）①

江苏省委对米业工人
年关斗争的训令·
训字第三号
（一九二八年一月十四日）①

江苏省委为上海海员运动问题
给海员支部的训令·
训字第四号
（一九二八年一月十五日）①

江苏省委关于英美烟厂
罢工问题给浦东区委的训令·
训字第五号
（一九二八年一月十五日）①

江苏革命历史文件汇集

一九二八年一月——一九二八年八月

中 央 档 案 馆
江 苏 省 档 案 馆

1928 年初，江苏省委的部分工作计划

部门为执行机构，省委常委不兼科主任，一切工作由常委集体决定，各科负责执行。但在实际工作中，根据不同阶段的工作需要，各常委又分工合作。陈乔年在江苏省委常委内部主要偏重于组织工作，因此后来很多地方直接称其此时职务为省委组织部长。

当时全国革命形势处于低潮，上海黄浦江两岸不时弥漫着腥风血雨。陈乔年到上海时，正值元旦春节期间，城市有不少工厂停产、裁员，工人失业后面临养家糊口难题；农村则正值地主逼限交租还债的时候，贫苦农民家中青黄不接。中共江苏省委一方面在城市组织工人、店员进行经济斗争，争取福利待遇，用事实揭露被反动派控制、出卖工人利益的工人统一委员会、工人总会的真面目；另一方面在农村发动农民进行抗租、抗税、抗债，反对土豪劣绅的压迫，在斗争中不断发展和壮大党的组织和领导力量。

这一阶段江苏省委组织机构及其人员频繁调整，办公处、接洽点因白色恐怖也未能很好地固定下来。在工作中，省委出现一些涣散的现象。为此省委接受各方面的批评建议，专门制定了《关于常委之经常工作及纪律》和《关于常委组织及以后工作方法的意见》等文件，明确省委常委的职责、分工，强调工作纪律。当时规定省委常委会每周两次，区委书记联席会每周一次，活动分子会议至少两周一次，省委常委原则上都要参加。除此之外，作为省委常委、主席团成员，陈乔年还要经常到各区、县进行巡视指导，固定时间、地点开展接待工作。

作为主要分工组织工作的省委常委，陈乔年此时责无旁贷的一项重要任务就是尽快指导完成全省范围内各级党组织的改组工作。不久前的1927年12月，江苏省委已在《关于改组支部会报告提纲》中指出"党过去的组织不适宜于现在革命斗争的环境"

1928 年 2 月 6 日，中共江苏省委制定的《组织会议报告大纲》

的六条缺点，并决定在四十天内将支部、区委和省委都改组。到 1928 年 1 月中旬，江苏省委在上海闸北区率先试点完成了改组工作。但差不多同时，1 月 18 日，江苏省委也接到中央的督促通知，要求在 2 月 15 日以前完成对上海市和外县所有党组织的改组工作。江苏省委本着实事求是精神，去信中央请示，请中央将时间放宽至 2 月底。

为加快工作进度，江苏省委专门下发通知要求各区每周将组织工作在内的情况形成报告，在召开各区书记联席会议时当面提交。接到中央督促通知后，江苏省委又计划尽快召开组织工作专题会议。为让各区有系统的、具体的准备，江苏省委还拟定了《组织会议报告大纲》发给各区。《大纲》围绕"改组问题""支部生活""区委工作方法""对于新的组织形势的意见"等七方面详列了具体问题。为限期内完成工作，陈乔年经常和省委组织科的同志秘密深入各区、工厂、学校召集会议，联络同志，布置工作，巧妙与敌人周旋。

壮烈献身

当时江苏是国民党反动集团的政治中心，上海更是帝国主义列强、反动军阀和帮会头目等反动势力最集中之处。正当陈乔年日夜为革命奔走，推进江苏和上海地区党的工作不断前进时，不幸的事情发生了。1928年2月16日上午，春节刚过不久，当陈乔年在上海公共租界北成都路刺绣女校主持召开各区组织工作会议时，租界巡捕包围了会场，已到会场的同志均被捕。与此同时，上海总工会在公共租界新闸路酱园弄召集各区工会特派员和产业工会负责人开会，也遭租界巡捕包围。而前一日，中共浦东区委已遭敌人破坏。两天时间内，多人被捕。事后才知，这都是因为叛徒唐瑞麟（林）告密。

当时负责中共沪中区委组织工作的桂家鸿回忆，在刺绣女校被捕的有陈乔年和他在内共五人。上午，他们即被戴上手铐押解到公共租界的新闸捕房，在那里接受初步审讯。傍晚，又被押解到老闸捕房。之后，经过公共租界的临时法院象征性审理，他们

帝国主义在租界内设立了很多巡捕房，图为公共租界内的老闸捕房旧照

这些共产党人即被引渡到国民党淞沪警备司令部的监狱关押。

龙华监狱是国民党囚禁、惨杀共产党人和进步人士的魔窟，设有审讯处、男牢、女牢、刑场、兵营等，其中关押男"囚犯"的牢房有三幢，时称"天""地""人"牢。据时任沪东区工会特派员的张维桢回忆，两天内被捕的二十三名同志先后都被关押在这里。

陈乔年和几名男同志被关押在天字一号牢房。因为是被叛徒出卖，所以敌人没有费多大力气就掌握了多数被捕者的真实姓名、职务等身份信息。只有陈乔年等少数人，因新近调整岗位或从外地调来，叛徒不认识，所以敌人尚未弄清楚。狡猾的敌人为了探明他的真实身份，采取"苦肉计"将叛徒唐瑞麟也一起关到监狱中来。在

上海龙华监狱的大门

龙华监狱的牢房

陈乔年画传

狱中，唐瑞麟特别关注陈乔年的一举一动，一有机会就主动找他攀谈。有一天，唐瑞麟突然向陈乔年问道"你是不是安徽怀宁人？口音很像哩。"陈乔年十分警惕，机智地半开玩笑半认真地回答"我是中国人嘛！"唐瑞麟的鬼祟言行，引起了狱中同志们警惕。经大家团结协作，其很快就暴露了真面目，敌人毫无所获。

陈乔年等人被捕后，党组织多方进行营救，具体由罗亦农、王若飞等人负责。与陈乔年同时被捕的郑覆他（郑复他）、许白昊等人在狱中也积极想办法。最后，只剩下陈乔年、周之楚等三名同志敌人尚未弄清楚身份，但敌人已知其中有一位叫陈乔年的是共产党内重要人物。郑覆他、许白昊等人计划由周之楚顶替陈乔年以骗过敌人。周之楚十分英勇地表态愿意承担保护陈乔年的

新中国为陈乔年、
陈延年家属颁发的
《革命牺牲军人家属
光荣纪念证》

任务。但是，因为周之楚的父亲是一个南洋华侨大商人，他在国外得知儿子被捕，便赶回国内托人营救。结果，敌人弄清楚了周之楚的身份，陈乔年就暴露了。

陈乔年在狱中十分明白自己的处境，早将生死置之度外，不管碰到什么情况，总是泰然自若，有说有笑。他在狱中托人转告党组织，请求不要再为营救他费心和花钱。他对敌人也丝毫不抱什么幻想，而是顽强地同敌人作斗争。狱友桂家鸿回忆说：

在乔年被关押期间，敌人多次对他进行审讯。为了从他口中掏出所需要的东西，敌人使用了各种残酷的刑罚，企图逼迫他招供。他虽然被敌人打得体无完肤，却从不吐露一点党的机密，始终顽强地同敌人作斗争。有一次，他被审讯后回到牢房，难友们见他又受了苦，便同情地安慰他，他却毫不在乎地说："没什么，吃几下耳光，挨几下火腿，受几下鞭子，算个啥！"

乔年学识渊博，中国的经史典籍和古典小说他都读过不少，外国的小说他也读过很多。从住进天字监一号的第一天起，他就经常给我们同监的难友讲故事。中国的、外国的他都能讲，讲了一个又一个，仿佛讲不完似的。难友们都听得津津有味，一有空就要求他讲。更令人敬佩的是，他不论讲

悼陳喬年鄭覆他許白昊三同志！

陳喬年鄭覆他許白昊三同志巳於本月六日被害了。

陳喬年同志，他是中國共產黨的中央委員，他在北京工作二年，與被張作霖殺害之李大釗同志，一起領導一九二五——一九二六年北方的革命運動。一九二七年春，他到漢口代表北方區參與中國共產黨的第五次全國大會，去年年底，他又改調至江蘇省委工作。「三一八」之役，他在執政府門前被段祺瑞衛兵刺傷顧部未死。

鄭覆他同志，他是一個青年印刷工人，在五卅運動以前卽巳加入中國共產黨，五卅中努力領導上海工人鬥爭，爲上海運動有力的領袖之一。前年上海二次凑動時，他被李寶章所捕，禁錮多日，幾及於難。今年二月決之傳聞，國內外無產階級曾經爲他悶憤大的追悼會。他隨後出獄，立卽又從事於革命運動，在漢口公佈爲上海總工會委員長。去年上海工人三次暴動成功，他爲市政總工會受巨大摧殘，他逃從漢口參與第四次勞動大會回來，途爲上海工人最熱烈擁護的一個領袖，最近幷同時被捕，幷同時槍斃。

許白昊同志，他是漢口工人暴動最早的領袖之一。有名的二七罷工後，他在漢口被捕，當時有巳槍決之傳聞，國內外無產階級曾經爲他悶憤大的追悼會。他隨後出獄，立卽又從事於革命運動，在漢口公開自由，他被舉爲湖北全省總工會幹事長。汪唐的兩湖反動後，他離開湖北到上海工作，爲上海總工會領袖之一。今年他與陳鄭二同志同時被捕幷同時槍斃。

蔣介石反動後，上海總工會受巨大摧殘，他逃從漢口參與第四次勞動大會回來，途爲上海工人最熱烈擁護的一個領袖，擔負上海總工會的工作。今年二月

吳佩孚倒後，漢口工人運動得公開自由，他被舉爲湖北全省總工會幹事長。

上海無產階級及全中國革命民衆，對此三同志之死，是無須乎哭泣的，他們牢牢紀住，他們將推翻反勁的豪紳資產階級的統治。以紅色的恐怖對待這些統治者，爲陳鄭許三同志及以前犧牲的諸同志？復仇！

中共中央机关刊物《布尔塞维克》上刊发的《悼陈乔年、郑覆他、许白昊三同志！》

什么故事，总要指桑骂槐，斥责一通国民党蒋介石祸国殃民的罪恶。

不久，敌人决定杀害陈乔年。在和同志们分别时，陈乔年鼓励他们不要灰心，要努力学习，坚强战斗。大家对他的即将被害感到十分难过，他却乐观的说"让我们的子孙后代享受前人披荆斩棘的幸福吧！"

1928 年 6 月，陈乔年在上海龙华英勇就义。陈乔年牺牲后，中共中央在机关刊物《布尔塞维克》上发表了《悼陈乔年、郑覆他、许白昊三同志！》。上海总工会主办的《上海工人》也发表《悼我们的领导者——许、陈、郑三烈士》。他的牺牲使党失去了一位优秀的党员，革命失去了一名坚强的战士，中国人民失去了一个忠实的儿子。他用满腔热血书写璀璨芳华，他的英名和他的革命业绩将永远铭刻在中国共产党人和中国人民心中。

陈乔年大事年表

1902 年

9 月 2 日 生于安徽安庆南水关。同月，父亲陈独秀因此前在安庆发表爱国演说等，为清政府当局不容，再次东渡日本。在陈乔年出生前，父亲陈独秀就已从事进步活动，之后父子间聚少离多。

陈乔年是陈独秀与第一位夫人高氏所生。高氏共生育三男二女，除陈乔年外，还有陈延年（1898—1927）、陈玉莹（女，1900—1928）、陈松年（1910—1990），另有一女早殇。因在大家族同辈（包括堂兄弟）中排行第五，陈乔年也叫"小五子"。

同年，清政府与英国签订《中英续议通商行船条约》，开放安庆为通商口岸。

1903 年

陈乔年嗣祖父陈衍庶（1851—1913），字昔凡，出任新民知府。

关于任职日期，此处依据 1926 年刊印的《新民县志》。地处东北的新民地区因靠近奉天府（今沈阳），位置重要。1902 年，清政府将"新民厅"升为"新民府"。新民府第一任知府是增韫

（增子固）。陈衍庶是第二任知府，与增韫交情很多。

1909 年至 1911 年

七到九岁，在安庆家中私塾读书。

1912 年

十岁，进入安徽省立第一中学读书。

1913 年

讨伐袁世凯的"二次革命"失败。10 月，父亲陈独秀遭安徽军阀倪嗣冲追捕，逃至上海。同时，陈家遭到抄家，陈乔年与陈延年躲避追捕，逃至乡下亲戚家，堂兄陈永年被捕去。

同年，嗣祖父陈衍庶去世。此前，陈衍庶在浙江与他人合伙成立"益大公司"，与洋商做大豆生意，后经营失败，最终被迫抵偿部分家产。

1914 年

在北京一所天主教开设的法文学校读书。

何时到北京不详。此时，嗣祖父陈衍庶在北京琉璃厂开设的古玩店铺"崇古斋"尚存。陈乔年到北京，很可能是因为"二次革命"导致的抄家风波，在安庆无法立足，所以到北京暂避。据陈松年回忆，嗣祖母谢氏（陈衍庶妻）为处理"益大公司"纠纷案，前后多次到北京找案件的另一位当事人原浙江巡抚增韫。

同年夏，因"二次革命"失败已逃至上海的父亲陈独秀，在寂寞困顿了半年后，再次东渡日本，并帮助章士钊编辑《甲寅杂志》等。

1915 年

在北京一所天主教开设的法文学校读书。

同年 6 月，父亲陈独秀从日本回到上海，租住在法租界嵩山路南口吉谊里（吉谊里应为吉益里之误，即今太仓路 119 弄，原址已不存）21 号。9 月，由陈独秀创办的《新青年》创刊（初名《青年杂志》）。

1916 年

在北京一所天主教开设的法文学校读书，未卒业。

何时离开北京不详。据汪原放说，同年 11 月，陈独秀为亚东图书馆与群益书社合并改公司事宜与汪孟邹等人到北京募集资金，逗留月余。期间，陈独秀与蔡元培见面，接受了蔡元培聘他做北京大学文科学长的邀请。

1917 年

在上海法文协会读书，并开始接触无政府主义思想。

何时到上海不详。1 月起，父亲陈独秀即赴北京大学任文科学长，后陈独秀在上海的家眷高君曼也携子女离沪赴京。汪原放回忆，陈乔年与哥哥陈延年在上海独自求学期间，陈独秀委托亚东图书馆每月给每人 5 元作为生活费，陈乔年在闲暇之余经常到亚东图书馆帮工和学习。

1918 年

本年　在上海法文协会读书，未卒业。

据郑佩刚说，同年冬，陈乔年与哥哥陈延年租住在上海成都路安乐里的一个亭子间内，并与郑佩刚等无政府主义者有密切交往。

1919 年

本年　在上海法文翻译学校读书，卒业。

1 月　哥哥陈延年与黄凌霜、郑佩刚等人在上海发起成立无政府主义团体进化社。陈延年参与进化社活动，并担任过印刷、销售等职务及工作。

5 月　代理出售《进化》的亚东图书馆和泰东书局遭英租界查禁。亚东图书馆经理汪孟邹和泰东书局经理赵南公被逮捕后遭罚款，郑佩刚遭逮捕后被判刑六个月。

6 月 11 日　父亲陈独秀在北京新世界游艺场因散发《北京市民宣言》被捕入狱。9 月 16 日，保释出狱。

下半年　和陈延年准备赴法勤工俭学。出发前，向亚东图书馆汪原放学习英语。

12 月 25 日　和陈延年乘坐法国"盎特莱蓬号"邮船，于下午一点在上海杨树浦黄浦码头启航。同船赴法的有蔡和森、向警予、蔡畅、李志新、熊季光、萧淑良等人。次日的《时报》曾专门报道出发时的情形。

1920 年

1 月 28 日　乘船抵达法国马赛，停留 2 天。

2 月 3 日　乘火车抵达巴黎，开始留法勤工俭学生活。

下半年　法国陷入一战后的经济危机，工厂倒闭，失业人数剧增，在法国的勤工俭学生十之七八失去工作。

本年在巴黎法文协会读书，未卒业。后到圣梅桑公学（也翻译为圣梅克桑）读书。在法勤工俭学期间，与国内亲属、朋友有书信往来。自述 1920 年至 1922 年曾加入过旅法中国无政府主义同志会，担任过会计、印刷和书报社的职务及工作。

1921 年

本年　在法国圣梅桑公学读书，未卒业。之后，在法国未进过其他学校。

1 月 12 日、16 日　华法教育会接连发出通告，宣布与勤工俭学生脱离经济关系，勤工俭学生的处境更加艰难。

2 月 28 日　四百余名勤工俭学生到中国驻法公使馆请愿，要求解决求学和发放救济金等问题，时称"二·二八"运动。

3 月 28 日　赵世炎、李立三等召集勤工俭学代表会议，成立勤工俭学会。学会主要成员还有王若飞、陈延年、陈乔年等。

7月23日　中国共产党第一次全国代表大会在上海法租界望志路106号（现兴业路76号）开幕。党的一大宣告了中国共产党正式成立，选举陈独秀担任中国共产党中央局书记。

6月30日、8月13日　留法勤工俭学生、旅法华工和各界华人在巴黎哲人厅两次集会，开展反对中法秘密借款的爱国斗争。

8月20日　中、法当局因不满勤工俭学生发起拒款斗争的爱国行动，宣布从9月15日起，正式停发勤工俭学生"二·二八"运动后获得的最低生活维持费。此后，里昂中法大学也发出通告，拒绝勤工俭学生入学，另从国内招收新生。

9月17日　留法勤工俭学生代表齐聚巴黎召开会议，正式成立各地勤工俭学生联合委员会，决议以开放里昂中法大学为唯一目标。

9月21日　由留法勤工俭学生组织的先发队约一百二十余人到达里昂，开始与里昂中法大学校方交涉。

9月22日　法国当局出动警察把先发队一百余人押送至一处兵营集中看管。

10月13日　中法当局将104名参与"争回里昂中法大学"斗争的中国勤工俭学生押送至码头，统一乘坐14日的宝勒加号邮轮遣返回国。

秋 陈乔年、陈延年与华林、李卓、李合林（鹤龄）等留法勤工俭学生中的无政府主义者在法国巴黎成立工余社。

本年 赵世炎写信给周太玄，就如何做好华工工作交流意见。信中提及"李卓、李合林、陈延年兄弟（合起来说就是华林无政府派）等大发言，各派都加攻击，尽说刁钻话，说的都似是而非，很足以动人"。关于写信的时间，一说日期为本年5月24日。

1922 年

本年 自述1922年至1923年，曾在巴黎和附近两个工厂做苦工，每月工酬三四百法郎。

1月15日 工余社刊物《工余》创刊。

3月20日 陈乔年的朋友李合林（鹤龄）枪击驻法公使陈箓未遂。21日，李合林到警察局自首。

4月26日、30日 赵世炎两次写信给陈公培，提出争取陈乔年、陈延年到共产主义队伍中来。

6月 旅欧中国少年共产党在巴黎西郊布伦森林的一块空地上召开成立大会。出席会议的有陈乔年和赵世炎、周恩来、李维汉、王若飞、陈延年、刘伯坚、傅钟、萧朴生、李慰农、萧三、佘立亚、袁庆云、汪泽楷、尹宽、郑超麟、王凌汉、任卓宣等人。会议开了三天，确定组织名称为旅欧中国少年共产党，选出中央执行委员会，由赵世炎任书记，周恩来负责宣传，李维汉负责组织。旅欧中国少年共产党成立后，机关驻地在巴黎十三区戈德弗鲁瓦街十七号一家小旅馆内。

7月16日至23日 中国共产党第二次全国代表大会在上海召开。

8月1日 旅欧中国少年共产党机关刊物《少年》创刊，地点即旅欧中国少年共产党的驻地。1924年2月1日，《少年》改为《赤光》。

9月 在巴黎，和王若飞、赵世炎、陈延年、萧三等人经胡志明（越南籍）介绍加入法国共产党。

10月 在巴黎参加旅欧中国少年共产党的会议。会议举行总投票，决议加入中国社会主义青年团。并改选中央执行委员会，赵世炎、王若飞、周恩来、尹宽、陈延年五人当选。赵世炎仍为书记，陈延年负责宣传。

11月 周恩来、赵世炎以旅欧中国少年共产党名义写信给国内的中国社会主义青年团中央，要求"附属国内青年团成为其旅欧之部"，并委派李维汉携带信件回国，与团中央接洽。

年底 赴苏参加共产国际第四次代表大会的中共代表团陈独秀到莫斯科东方大学（即东方劳动者共产主义大学）考察并看望留学生，对东方大学及中国班的教学很满意，同时得知旅欧许多党团员学习和生活都遇到了困难，决定分批抽调旅欧党团员到莫斯科东方大学学习。

1923 年

1 月　旅欧中国少年共产党收到赴苏参加共产国际第四次代表大会的中共代表团陈独秀的复信。信中建议将旅欧中国少年共产党改名为"中国共产主义青年团旅欧之部"，并将领导机关中央执行委员会改为执行委员会。

2 月 4 日　京汉铁路工人实行总罢工。军阀政府在帝国主义的支持下制造了二七惨案。

2 月 14 日　赵世炎写信给莫斯科的罗亦农等人就旅欧同志赴莫斯科东方大学学习事宜进行沟通，请莫斯科的同志帮助向东方大学交涉，请求苏联政府速电驻柏林代表，方便他们办理赴苏的护照。

2 月 17 日至 20 日　出席在巴黎召开的旅欧中国少年共产党临时代表大会。会议决定加入中国社会主义青年团，成为其"旅欧之部"，在欧名称定为旅欧中国共产主义青年团。

3 月 18 日　周恩来陪同陈乔年、赵世炎、王若飞、陈延年等人从巴黎到柏林，办理赴苏联的护照。途经比利时，作短暂停留，受到在比利时的刘伯坚等人欢送。在柏林等候办理护照期间，分别住在旅德的熊雄等人寓所里。

4月上旬　与赵世炎、陈延年、熊雄、王若飞、高风、佘立亚、袁庆云、王凌汉、郑超麟、王圭、陈九鼎抵达莫斯科，在火车站受到任弼时、王一飞、萧三等人迎接。校方分配每人一个俄文名字，陈乔年叫 Красин（克拉辛）。

4月28日　中共旅莫支部举行欢迎陈乔年等人到来的大会，罗亦农主持。此前，莫斯科东方大学中国班已成立了党和青年团的支部。陈乔年一行人到达后，党、团员人数增加。中共旅莫支部正式改为中共旅莫支部委员会（即第一期中共旅莫支部委员会），委员会由三人组成，罗亦农任书记。

6月12日至20日　中国共产党第三次全国代表大会在广州召开。党的三大后，国共合作的步伐加快。

夏　莫斯科东方大学暑假，陈乔年与东大同学们来到莫斯科远郊的一个农场参加暑期夏令营。在这里，和萧三合作，根据法文和俄文版，将《国际歌》翻译成中文，传到国内后成为流行版本。1923年6月15日《新青年》上也发表了瞿秋白同志翻译的《国际歌》，但这个版本未能广泛流传开来。

9月至11月　以蒋介石为团长的孙逸仙博士代表团到苏联考察，其间受到中共旅莫支部和青年团的接待。

10月　选举产生第二期中共旅莫支部委员会，彭述之任书记。

10 月 25 日　中共旅莫支部召开欢迎会，欢迎来苏联考察学习的北京大学教授陈启修。

11 月 8 日　中共旅莫支部为欢迎由德国经苏联回国的张申府等人举行谈话会。

11 月 14 日　中共旅莫支部和青年团举行联席会，欢迎到东方大学学习的第二批旅欧党团员刘伯坚等人。

1924 年

1 月 20 日至 30 日　中国国民党第一次全国代表大会在广州召开。会议标志着国民党改组的完成和第一次国共合作的正式形成。

1 月 21 日　列宁逝世。

1 月 24 日　中共旅莫支部和青年团举行联席会，讨论国共合作问题。

1 月 26 日　因国共合作形成，急需干部。中共旅莫支部召开会议，决定根据国内指示，在暑假后派罗亦农、彭述之、赵世炎等 18 人回国。后与共产国际代表商议，回国人数减为 15 人，罗亦农等暂留东方大学。

5 月　选举产生第三期中共旅莫支部委员会，彭述之继任书记。

6 月　李大钊率中共代表团赴苏参加共产国际第五次代表大

会。大会结束后，李大钊留在莫斯科担任中共驻共产国际代表。逗留的几个月期间，李大钊多次出席中共旅莫支部和青年团的活动，参与指导日常工作。

7月25日　选举产生第四期中共旅莫支部委员会，罗亦农任书记。会议通过了向即将召开的中共四大提出的十项提案，决定派彭述之回国参加党的四大。

秋　史静仪等人从国内来到莫斯科东方大学学习。

10月25日　中共旅莫支部和青年团举行联席会，决定成立编辑委员会，负责整理学校功课、党的报告翻译等工作。

11月中下旬　中共旅莫支部书记罗亦农与陈乔年谈话，讨论学员分批回国等问题，建议陈乔年留在莫斯科继续为团体服务。

1925年

1月　陈独秀写信给中共旅莫支部，信中说：根据国内形势的发展，"急需得力同志能负责指导独当一面者"回国工作。中央和共产国际代表决定，再从旅莫人员中选调一些同志，并提出有关人员分三批陆续回国工作。

同月　中共旅莫支部委员会改为中共旅莫地方执行委员会（即第五期中共旅莫支部委员会）。委员会由五人组成，王一飞任书记。

　　　　　　　　　　　　　　陈乔年画传

1月5日　陈延年在广州写信给中共旅莫支部的罗亦农、王一飞、王若飞、陈乔年，介绍广东工农运动情况，索取学习资料和国内需要的教材。

1月11日至22日　中国共产党第四次全国代表大会在上海召开。

1月26日至30日　中国社会主义青年团第三次全国代表大会在上海召开。大会决定把中国社会主义青年团改名为中国共产主义青年团。会议选举产生共青团第三届中央执行委员会，陈乔年当选为团中央执行委员会候补委员。

春　中共北京区委兼北京地委改组。中共中央任命陈乔年为书记。宣传部长高君宇病故，赵世炎改任宣传部长，范鸿劼任组织部长，陈为人任职工运动委员会书记，李国暄任国民运动委员会书记。

3月12日　孙中山在北京逝世。同日，罗亦农、王若飞、王凌汉、熊雄、佘立亚、马禹敷（玉夫）、李慰农等人启程归国。一行人到达海参崴，在候船期间，罗亦农于3月30日写信给莫斯科的王一飞、陈乔年、刘伯坚等，介绍海参崴的中国工人运动情况，建议旅莫支部能派人加强指导。4月5日，在海参崴的王若飞又写信给陈乔年等人，再次谈到海参崴的中国工人运动，同意罗亦农观点，建议旅莫支部能加强后续指导。

4月22日 《新青年》"列宁号"刊载了陈乔年翻译的列宁文章——《社会主义国际的地位和责任》。

5月19日 罗亦农在上海写信给莫斯科的王一飞、陈乔年、刘伯坚、李求实，向他们介绍第二次全国劳动大会的情况。

5月30日 帝国主义在上海制造了五卅惨案。在莫斯科的陈乔年等人通过报纸、信件积极关注国内动态，大部分人回国工作的愿望更加迫切。

6月 选出第六期中共旅莫地方执行委员会，陈乔年任书记。10月又改为中共旅莫支部，选出第七期中共旅莫支部委员会，袁庆云任书记。1926年夏，中共旅莫支部解散。

6月30日 在苏联红军学校中国班学习并担任红军校党支部干事会书记的聂荣臻写信给陈乔年。根据组织安排，聂荣臻等将要回国，请陈乔年来讨论工作。

7月19日 罗亦农在广州写信给莫斯科的陈乔年、刘伯坚、袁庆云、李求实，告诉他们国内革命形势，并告诉他们："现在我们缺乏的是作工的人材。在目前客观的情况看来，就是回来百个同志来广州工作也不够。"

秋 按照中央指示，陈乔年归国。之后，陈乔年到北京就职。

关于陈乔年从莫斯科回国和到北京工作的时间，此前有1924年底、1925年春等说法。据陈碧兰回忆，他们这一行人在1925

年夏秋间启程归国。先乘火车途径西伯利亚到海参崴，后乘船回国，抵达上海。向在上海的中共中央汇报后，根据组织分配，投入到各自工作中去。

10月　中共中央执行委员会扩大会议在北京召开。鉴于北方工作日益重要，决定将中共北京区执行委员会兼北京地方执行委员会改组为中共北方区执行委员会，由李大钊任书记，陈乔年任组织部长，赵世炎任宣传部长。中共北方区委领导北京、天津、唐山、乐亭、张家口、正定、北满、大连、太原、保定等十多个地方执委、几十个特别支部和独立支部。

同月　中共北方区委党校秘密开校，罗亦农任校长。陈乔年是教师之一，授课内容有《马克思主义阶级斗争理论》《党的建设》《世界革命形势和国际共产主义运动概况》。

10月13日至20日　在中共北方区委支持下，内蒙古人民革命党第一次代表大会在张家口召开。

26日　段祺瑞政府不顾全国人民反对，在北京召开关税特别会议。其间，中共北方区委组织北京民众持续举行反对关税会议、争取关税自主的爱国运动。

11月23日　国民党右派谢持、邹鲁等人在北京西山碧云寺召开所谓的"国民党一届四中全会"，亦称"西山会议"。中共北方区委进行了有针对性的坚决的斗争。

11 月 28 日　在中共北方区委的领导下，爆发了以推翻段祺瑞执政府和建立国民政府为目标的"首都革命"。此前，中共北方区委在开会研究形势时，陈乔年冷静分析了敌我力量对比，认为目前时机还不成熟，但会议讨论的结果否定了他的意见。为加强对"首都革命"的领导，会议决定成立由赵世炎、陈乔年、邓鹤皋、陈为人等组成的行动委员会。

本年秋　在李大钊的提议下，中共北方区委决定成立自己的印刷厂，印刷《向导》《政治生活》等党内刊物和传单。陈乔年主持了印刷厂的筹备事宜。

冬　在李大钊、赵世炎、陈乔年等中共北方区委领导人的主持下，内蒙古农工兵大同盟成立大会在张家口召开，大会选举李大钊为大同盟书记。

1926 年

1 月 21 日　北京各界在北京大学第三院大礼堂举行列宁逝世两周年纪念大会。

2 月 4 日　北京各团体反日讨张大会举行代表会议。

2 月 21 日至 24 日　中共中央在北京召开特别会议，重点讨论北伐准备和农民运动等问题。

3 月 12 日　日本派军舰掩护奉系军阀军舰进攻天津，炮击大沽口国民军阵地。国民军予以正当还击，口舰被逐出大沽口。

3月16日　日本外务省就大沽口事件要求中国政府向日本政府谢罪。英、日、法、美、意、荷、比、西等八国公使，以维护《辛丑条约》为借口，向中国政府发出最后通牒。各国军舰20余艘群集大沽口，公开进行武力恫吓。

同日下午，李大钊指示中共北京地委召集活动分子会议。会议由刘伯庄主持，陈乔年、陈为人、邓鹤皋、陈毅等100余人到会。

3月17日　国共两党在北京大学三院召开反对八国通牒联席会。会后，到会代表分两组，分别去国务院和外交部请愿。

3月18日　清晨，中共北方区委在李大钊主持下召开紧急会议，讨论国民大会和游行示威的准备工作。陈乔年、赵世炎、彭桂生、刘伯庄、萧三等参加了会议，陈乔年还在会上作了报告。

同日，到天安门参加国民会议，反对八国最后通牒。会后，前往铁狮子胡同，参加游行请愿。在执政府门前，军阀卫队突然向群众开枪，制造了"三·一八"惨案。陈乔年被卫队士兵刺伤胸口，后进苏联大使馆包扎治疗。当晚，在苏联使馆由李大钊主持召开区委会议，讨论了伤亡情况和善后处理工作。

3月19日　北洋政府签发逮捕李大钊等革命者的通缉令。

3月20日　蒋介石在广州制造了"中山舰"事件，排斥、打击共产党人。

3月底　为避免军阀政府破坏，中共北方区委的办公地点迁到东交民巷苏联大使馆西院的原俄国兵营。

4月20日　段祺瑞辞职。奉直联军实控京、津地区。

7月9日　国民革命军在广州正式誓师北伐。

9月17日　冯玉祥在五原誓师。

10月18日　中共北方区委提出《北方区对于三特别区（察哈尔、热河、绥远）及西北军中工作意见》。根据北方区委指派，10月到11月初，陈乔年前往上述地区考察，并到五原与刘伯坚接洽。12月第12期《中央政治通讯》曾刊载李大钊的《听取陈乔年关于西北军政治工作考察报告后的意见》(原题《听了乔同志报告后的结论》)，实际所作时间应在11月初。

下半年　陈乔年被选为中共北方区委出席中国共产党第五次全国代表大会的代表。

1927年

春　在上海。其间，与郭伯和一起介绍汪原放入党。

从去年10月到今年3月，中共中央和上海区委组织上海工人连续举行三次武装起义。3月21日，第三次武装起义在陈独秀、罗亦农、赵世炎、周恩来等组成的特别委员会直接领导下（周恩来任起义总指挥）取得胜利。22日，成立上海特别市临时市

　　　　　　　　　　　　　陈乔年画传

政府。

4月6日　李大钊、范鸿劼、邓文辉等共60余名中共党员和国民党左派人士在北京被奉系军阀逮捕。28日，李大钊等20人遭杀害。中共北方区委遭到严重破坏。

4月12日　蒋介石在上海发动四一二反革命政变。这是大革命从高潮走向失败的转折点。在此前后，四川、江苏、浙江、安徽、福建、广西、广东等省相继以"清党"为名，大规模捕杀共产党员和革命群众。

4月27日至5月9日　中国共产党第五次全国代表大会在武汉举行。陈乔年作为中共北方区委的代表出席会议，担任大会政治委员会委员，并当选为中央委员。

5月至7月中旬　任中共中央组织部副部长。6月份，同时代理中共中央秘书长。5月，鉴于中共北方区委遭严重破坏和李大钊牺牲，中共中央决定撤销北方区委，成立中共顺直省委。顺直省委计划由13名委员组成，陈乔年拟任省委委员兼农民部长。陈乔年未到职，而是根据中央安排继续留在武汉工作。据知情者回忆，5月，陈乔年的儿子"红五"在武汉出生。

6月5日　武汉国民政府解除苏联顾问鲍罗廷等人职务。

6月20日至21日　冯玉祥同蒋介石等在徐州举行会议。之后，冯玉祥签发命令，"清理"所属军队中的共产党员。

26日　中共江苏省委机关遭破坏。省委书记陈延年（陈乔年的哥哥）、组织部长郭伯和等人被捕，后牺牲。

　7月2日　代理中共江苏省委书记赵世炎被捕，后牺牲。

　7月15日　汪精卫在武汉召开国民党中央常务委员会扩大会议，以"分共"的名义，正式同共产党决裂，对共产党员和革命群众实行大逮捕、大屠杀。国共合作全面破裂，国共两党合作发动的大革命宣告失败。据不完全统计，从1927年3月至1928年上半年，被杀害的共产党员和革命群众达31万多人。

　8月1日　在以周恩来为书记的中共中央前敌委员会领导下，贺龙、叶挺、朱德、刘伯承等率领党所掌握和影响的军队2万余人，在江西南昌打响武装反抗国民党反动派的第一枪。南昌起义标志着中国共产党独立领导革命战争、创建人民军队和武装夺取政权的开端，开启了中国革命新纪元。

　8月3日　中共中央发出《湘鄂粤赣四省农民秋收暴动大纲》，规定湖北秋收起义的目标是：政治上给现统治者一个扰乱，使其不能稳定，牵制其对江西压迫；经济上实行四抗（租、税、捐、粮）。

　8月7日　中共中央在湖北汉口召开紧急会议（八七会议）。会议着重批评了大革命后期以陈独秀为首的中央所犯的右倾机会主义错误，确定了土地革命和武装反抗国民党反动派的总方针。

这是由大革命失败到土地革命战争兴起的历史性转变。会议选出以瞿秋白为首的中央临时政治局。陈乔年出席了会议。

8月上旬　约在八七会议后，调任中共湖北省委常委兼组织部长，时任省委书记为罗亦农。

8月29日　中共中央通过《两湖暴动计划决议案》。

9月9日　以毛泽东为书记的中共湖南省委前敌委员会，领导工农革命军第一师发动湘赣边界秋收起义。29日，起义军到达江西永新三湾村时进行改编。10月，起义军到达井冈山，开始创建农村革命根据地的斗争。

9月底至10月上旬　中共中央机关由武汉迁往上海。

中共中央在讨论由武汉迁上海时，决定设立长江局管辖长江流域各省工作。长江局由罗亦农、陈乔年、任旭、王一飞、毛泽东五人组成，罗亦农任书记兼军事特派员，管辖湖北、湖南、河南、江西、四川、安徽、陕西七省，后又增加甘肃。但由于毛泽东当时正领导湘赣边界秋收起义，创建井冈山革命根据地，因此事实上未到任。罗亦农调任长江局书记后，中共中央决定由陈乔年任中共湖北省委书记。其间，任旭、林育南曾代理书记工作。

10月1日　中共中央正式发出《关于长江局的任务决议案》。

10月2日　长江局召开第一次会议，由李维汉（时任中共中央临时政治局常委）主持，罗亦农、王一飞、任旭参加。

10月15日　参加长江局第五次会议，到会的还有罗亦农、汪泽楷、任旭、王一飞。

10月21日　参加长江局第七次会议，到会的还有任旭、欧阳钦。

10月22日　参加长江局第八次会议，到会的还有任旭、刘昌群和关学参。同日，中共湖北省委常委会通过《武汉工人争斗目前行动大纲》。

10月25日　中共湖北省委发出通告，要求各县、市、区委在党的会议，特别支部会议上，根据省委制定的提纲对八七会议通过的《中共中央告全党党员书》进行深入学习。

10月26日　中共湖北省委获知国民党内军阀之间的战争中唐生智部队自安徽溃退的消息后，召开省委常委会，研究制定《目前紧急斗争决议案》，决定"立即发展普遍的斗争"，随即开展准备工作。

10月27日　参加长江局第九次会议，到会的还有任旭、刘昌群、汪泽楷等人。会议决定由陈乔年起草一份关于军阀斗争新情势下长江局所辖区域各省斗争策略的草案。

10月28日　上午，罗亦农从长沙抵达汉口。陈乔年、任旭到罗亦农处汇报工作。当晚，陈乔年主持召开中共湖北省委常委会议，罗亦农到会作报告，指出当前的情势下还"不能马上暴动"。

10月29日　参加长江局第十次会议，到会者还有罗亦农、任旭、刘昌群等人。会议通过了《长江局最近政治决议案》，认为"目前绝非继续总的暴动时期"。

10月30日　中共湖北省委常委会议一致接受《长江局最近政治决议案》，讨论并最终形成《中共湖北省委最近政治、党务工作方针议决案》，指出党在湖北这时期的任务是：积极领导发展组织及城市中的劳动群众斗争，在这个斗争中，提高工人与农人阶级的意识，发展并巩固工农阶级本身的组织和战斗的勇气与经验，扩大党的力量，夺取敌人武装，准备群众的暴动。

同日，参加长江局第第十一次会议，到会有罗亦农、任旭、刘昌群、汪泽楷、林育南等人。

10月31日　参加长江局第十二次会议，到会还有罗亦农、周以栗、王克新、霍锟镛、汪泽楷等。

10月底　中共武汉三镇的各级党部相继改选完毕。

11月初　中共湖北省委派符向一到黄麻地区担任中共黄麻区特委书记，发动黄麻群众起来斗争。

11月2日　参加长江局第十三次会议，这是长江局最后一次会议，到会的还有罗亦农、任旭、刘昌群等人。此前，中央来信决定取消长江局，调罗亦农到中央工作。

11月9日至10日　中央临时政治局在上海召开扩大会议，提出以城市为中心举行全国武装暴动的策略，在实际工作中造成许多损失。1928年4月，该策略停止执行。中共湖北省委派任旭到上海出席会议。11月22日，任旭返回武汉。

11月9日　中共湖北省委召开常委会，会议决定利用唐生智溃退时机加紧开展各方面的工作。会议决定于10日以通告形式正式下发。

11月11日至14日　徐家棚铁路工人罢工。其间，陈乔年、林育南等中共湖北省委领导人前往徐家棚参加了铁路工会秘密召开的会议，研究铁路工人罢工策略。

11月12日　唐生智宣布下野。陈乔年召集省委有关负责同志黄五一、林育南、刘昌群开会，作出13日举行武汉三镇总同盟罢工的决定。

11月11日至15日　中共湖北省委每日向武汉三镇区、市、县各级党部发出特别通告，指示当日工作。但总同盟罢工局面始终未能实现，一些行动计划失败。

11月15日　中共湖北省委收到《中央致两湖省委信》。

11月18日　主持召开武汉三镇区、市、县书记联席会议，会议围绕唐生智溃退时省委的政策与工作开展了讨论。

11月19日、23日　主持召开中共湖北省委常委会议，会议围绕唐生智溃退时省委的政策与工作开展讨论。

11 月 24 日　主持召开中共湖北省委会议，在武汉的省委委员参加。任旭在会上传达了中央临时政治局扩大会议精神和中央改组湖北省委的决定。根据中央通知，新一届省委常委由陈乔年、任旭、郭亮、余茂怀、黄五一等五人组成，陈乔年仍任中共湖北省委书记。

11 月 25 日　与到武汉的中央两湖巡视员罗亦农谈话。

11 月 27 日　主持召开湖北省委常委扩大会议，罗亦农到会传达中央精神。

12 月 3 日　共青团长江局的刘昌群和湖北省的韩光汉上书中央，控告唐生智溃退时党的长江局及中共湖北省委负责人"猥琐不前，临阵退缩"，"犯了极严重的机会主义的错误"，要求中央开展调查。

12 月 5 日　中共中央发出《致两湖巡视员亦农同志及湖北省委信》，同时派出苏兆征、郭亮、贺昌组成的中央特别委员会（简称中央湖北特委）赴武汉开展调查。

12 月 9 日　下午，中央湖北特委到达武汉，暂停陈乔年、任旭、黄五一等中共湖北省委常委和中央巡视员罗亦农的职权。

12 月 11 日　中共广东省委书记张太雷和叶挺、叶剑英等领导发动广州起义，成立广州苏维埃政府。但终因敌众我寡而失败，张太雷等牺牲。

12月12日　与任旭、黄五一联名向中央湖北特委提交了《中共湖北省委常委向省委扩大会的报告》。

12月14日　由中央湖北特委主持召开湖北省委扩大会议，会议通过《湖北省委扩大会议批评长江局和省委政策决议案》。陈乔年与任旭、黄五一等出席会议，有发言权但无表决权。

12月18日　中共中央发出《致湖北特委信》，对中央湖北特委的做法提出批评，并决定湖北问题由中央主持解决。

12月24日　中共中央临时政治局会议肯定了唐生智崩溃时，武汉不能举行夺取政权的总暴动。决定由瞿秋白、李维汉、任弼时三人负责与有关人员谈话。会后，中央召集罗亦农、陈乔年、任旭、林育南、汪泽楷、关向应、韩光汉、陆沉等人谈话，听取争执双方意见。

12月31日　与任旭、黄五一联名向中共中央提交了《给中央政治局的报告》。

年底　携妻子和孩子离开武汉到上海。

本年　夏秋季节，陈乔年生病，一度需要住院治疗。在中秋节前后，陈乔年写信回安庆，他的母亲和弟弟陈松年到武汉来探望他，并一起居住过一段时间。为便于工作，在武汉期间，陈乔年换过多个居住点，包括胜利街的中共中央机关驻地、铭新街的中央组织部办公点以及党组织秘密开设的宏源纸行等。

1928 年

年初　任中共江苏省委常委，主要分管组织工作。元旦期间，在上海出席罗亦农与李哲时的婚礼。

1 月 1 日　中共中央发出《告湖北同志书》，肯定长江局停止暴动的决定。

1 月 2 日　中共中央临时政治局会议通过《关于湖北党内问题的决议》。

1 月 10 日　与任旭、黄五一联名向中共中央提交了《对湖北问题的总答辩》。

2 月 10 日　任中共江苏省委常委、主席团成员，主要分管组织工作。

2 月 16 日　被捕。据桂家鸿回忆，当日上午，中共江苏省委在上海公共租界北成都路刺绣女校召开各区组织工作会议，因叛徒唐瑞麟（林）出卖，他和陈乔年等五人被捕，陈乔年被捕后曾化名"王建南"。

同日，在另一地点，江苏省委常委、上海总工会委员长郑复他，省委委员、上海总工会党团书记许白昊等被捕。

4 月 15 日　罗亦农在上海望德里中央秘密联络点因叛徒何家兴、贺稚华夫妇出卖被捕。21 日，牺牲于上海龙华。

6月 牺牲于上海龙华。

关于牺牲具体日期，6月15日，中共中央机关刊物《布尔塞维克》发表《悼陈乔年、郑覆他、许白昊三同志！》，记载牺牲日期为6月6日。6月13日，《申报》报道牺牲时间为6月6日下午五时。另，中共江苏省委华字通告第二十三号《关于叛徒唐瑞麟告密，陈乔年、郑复他、许白昊三同志牺牲的教训的通告》记录日期为6月1日下午五时。据桂家鸿回忆，留有遗言"让子孙后代享受前人披荆斩棘带来的幸福吧！"

本年 陈乔年的儿子"红五"在上海夭折。陈乔年的姐姐陈玉莹携弟弟陈松年来上海为陈乔年料理后事，陈玉莹病逝于上海的医院。

附记

1930年，生母高氏在安徽安庆去世。1939年，嗣祖母谢氏在四川（今重庆）江津去世。1942年，父亲陈独秀在江津去世。1954年，新中国为陈乔年、陈延年在安庆的家属颁发了《革命牺牲军人家属光荣纪念证》。1969年，史静仪在湖北武汉去世。去世前曾与亲属提到陈乔年烈士的事迹和子女线索。

参考文献

1. 中共中央党史研究室：《中国共产党历史》，中共党史出版社 2011 年第 2 版。

2. 中共中央党史研究室：《中国共产党的九十年》，中共党史出版社、党建读物出版社 2016 年版。

3. 中共中央组织部等编：《中国共产党组织史料》，中共党史出版社 2000 年版。

4. 中共上海市委组织部等编：《中国共产党上海市组织史料》（1920.8—1987.10），上海人民出版社 1991 年版。

5. 中共湖北省委组织部等编：《中国共产党湖北省组织史料》，湖北人民出版社 1991 年版。

6. 《中共中央北方局》资料丛书编委会编：《中共中央北方局·综合卷》，中共党史出版社 2002 年版。

7. 中央档案馆编：《中共中央长江局文件汇集 1927 年—1930 年》，1985 年版。

8. 中央档案馆、湖北省档案馆编：《湖北革命历史文件汇集　省委文件　1926 年—1927 年》，1983 年版。

9. 中央档案馆、湖北省档案馆编：《湖北革命历史文件汇集 省委文件 1928 年》，1984 年版。

10. 中央档案馆、湖北省档案馆编：《湖北革命历史文件汇集 湖北暴动问题 1927 年—1928 年》，1984 年版。

11. 中央档案馆、江苏省档案馆编：《江苏革命历史文件汇集 1928 年 1 月—1928 年 8 月》，1985 年版。

12. 安庆市历史学会、安庆市图书馆编：《陈独秀研究参考资料》（第一辑），1981 年版。

13. 安徽省社会科学研究所历史研究室编：《安徽革命史研究资料》（1—12 期合订本），1981 年版。

14.《新民县志》，明国 15 年（1926）石印本。

15. 本书编写组：《中共北方区委历史》，中共党史出版社 2013 年版。

16. 中共北京市委党史研究室编：《北京革命史回忆录》（第一辑），北京出版社 1991 年版。

17. 中共北京市委党史研究室、首都博物馆编：《北京人民革命斗争》（1919—1949），北京出版社 1991 年版。

18. 曾成贵、徐凯希：《湖北新民主主义革命史》，华中师范大学出版社 2008 年版。

19. 中共武汉市委党史研究室、武汉市档案馆、武汉市文物管理办公室编:《中国共产党武汉历史图志》,武汉出版社 2001年版。

20. 清华大学中共党史教研组编:《赴法勤工俭学运动史料》(第一册),北京出版社 1979 年版。

21. 清华大学中共党史教研组编:《赴法勤工俭学运动史料》(第二册),北京出版社 1980 年版。

22. 鲜于浩:《留法勤工俭学运动史》,人民出版社 2016年版。

23. 中国革命博物馆编:《中国留法勤工俭学运动图录》,上海人民出版社 1997 年版。

24. 上海市委党史资料征集委员会编:《上海人民革命史画册》,上海人民出版社 1989 年版。

25. 任建树:《陈独秀大传》,上海人民出版社 2012 年第 3 版。

26. 唐宝林:《陈独秀全传》,社会科学文献出版社 2013年版。

27. 孙其明著:《陈独秀:身世·婚恋·后代》,济南出版社1995 年版。

28. 汪原放:《亚东图书馆与陈独秀》,上海学林出版社 2006年版。

29. 张湘炳:《史海抔浪集——陈独秀并辛亥革命问题研究》,

天津社会科学院出版社 1993 年版。

30. 黎显衡、林鸿暖、杨绍练：《陈延年》，广东人民出版社 1985 年版。

31. 陈松年、萧三、汪原放、彭健华、桂家鸿等：《忆陈延年、陈乔年烈士》资料，孙其明整理，载中国人民政治协商会议安徽省委员会文史资料研究委员会编《安徽文史资料》（第十九辑），安徽人民出版社 1984 年版。

32. 孙其明：《兄弟碧血映红旗——陈延年、陈乔年传略》，载《安徽著名历史人物丛书》编委会编《民族英烈》，中国文史出版社 1991 年版。

33. 夏之栩：《回忆陈乔年、陈延年烈士》，载《中国工人》1958 年第 9 期。

34. 彭健华：《陈乔年所述他家庭情况及其它》，载《党史资料丛刊》1980 年第三辑。

35. 郑佩刚：《无政府主义在中国的若干史实》，载中国人民政治协商会议广东省广州市委员会文史资料研究委员会编《广州文史资料》（第 7 辑 下）。

36. 陈公培：《回忆党的发起组和赴法勤工俭学等情况》，载中共海口市委党史研究室中共琼崖一大旧址管理处编：《中共琼崖一大研究资料选编》（内部发行）2009 年版。

37. 张维桢：《视死如归的周之楚烈士》，载《交通大学校史》撰写组编《交通大学校史资料选编　第1卷》（1896—1927），西安交通大学出版社1986年版。

38. 朱文通主编：《李大钊年谱长编》，中国社会科学出版社2009年版。

39. 中共一大会址纪念馆编、曾晓庄主编：《陈公培文集》，上海人民出版社2016年版。

40. 中共中央党史研究室科研管理部编：《中国共产党先驱领袖文库　赵世炎文集》，人民出版社2013年版。

41. 金再及编：《中国共产党先驱领袖文库　罗亦农文集》，人民出版社2011年版。

42. 俄罗斯科学院远东所编：《20世纪20—30年代中国革命者在俄罗斯的足迹》（第二册），莫斯科全世界出版社2018年版（中俄文对照）。

43. 中国李大钊研究会编：《李大钊全集》（最新注释本），人民出版社2006年版。

44.《王若飞致陈乔年等的一封信》，载中共中央党史研究室、中央档案馆编：《中共党史资料》（61辑），中共党史出版社1997年版。

45. 部分资料还来源于安庆市独秀园、中共四大纪念馆、上海中共中央秘书处旧址等单位。

后 记

2021 年是中国共产党成立 100 周年。在一百年的奋斗历程中，无数的共产党员为了民族复兴，上下求索，谱写了感天动地的英雄壮歌。陈乔年就是其中的一位杰出代表。

1902 年，陈乔年出生在安徽怀宁（今属安庆）。在短暂的一生中，他赴法勤工俭学（1919 年）、赴苏联留学（1923 年）。1925 年陈乔年回国后，先后在北京、湖北、上海等地从事党的工作，担任过中共北京区委兼北京地委书记、中共北方区委组织部长、中共中央组织部副部长、代理中央秘书长、中共湖北省委组织部长、中共湖北省委书记、中共江苏省委常委兼主席团成员等职务。此外，他还兼任过中共长江局（1927 年）的委员。在1925 年召开的中国共产主义青年团第三次全国代表大会上当选为团中央执行委员会候补委员。在 1927 年召开的中国共产党第五次全国代表大会上，当选为中央委员。

1928 年陈乔年牺牲在上海龙华。长期以来，对陈乔年烈士的专门研究不多。更多的研究集中在他的父亲陈独秀身上。完整地讲述陈乔年生平事迹的文章主要就是《中共党史人物传》中收录的《陈乔年传》。一些学者在研究陈独秀的时候，对陈家的家庭和后代进行了研究，提到陈乔年部分事迹。

在建党百年之际，龙华烈士陵园和中共上海市委党史研究室等部门计划以画传的形式反映陈乔年烈士的生平、思想，得到上海人民出版社的支持。我撰写的依据主要是已发表的回忆性文章和已出版的党史、革命史资料集和著作，特别是近年来北京、湖北、江苏等地方党史和革命史研究以及留法、留苏研究的最新成果。在撰写过程中我始终坚持确保史实的准确性，力戒编造故事情节，在一些史实上对过去的说法进行了补正，对确实有争议地方在文末的大事记中作了备注。但由于本人能力有限，难免会有一些错误，敬请学者和读者们批评指正。

感谢陈长璞女士、曾晓庄女士和徐光寿教授，感谢安庆市独秀园、中共一大纪念馆、中共四大纪念馆、上海中共中央秘书处机关旧址、上海欧美同学会等单位，在本文的写作中给予的支持和帮助。

作者

图书在版编目(CIP)数据

陈乔年画传/中共上海市委党史研究室,龙华烈士
纪念馆编;刘玉杰著. —上海:上海人民出版社,
2021
ISBN 978 - 7 - 208 - 17217 - 3

Ⅰ.①陈… Ⅱ.①中… ②龙… ③刘… Ⅲ.①陈乔年
(1902 - 1928 年)-传记-画册 Ⅳ.①K827＝6

中国版本图书馆 CIP 数据核字(2021)第 132752 号

责任编辑 吕桂萍
封面设计 周伟伟

陈乔年画传
中共上海市委党史研究室 编
龙 华 烈 士 纪 念 馆
刘玉杰 著

出　　版　上海人民出版社
　　　　　(200001　上海福建中路 193 号)
发　　行　上海人民出版社发行中心
印　　刷　上海中华印刷有限公司
开　　本　720×1000　1/16
印　　张　12.75
字　　数　108,000
版　　次　2021 年 7 月第 1 版
印　　次　2021 年 7 月第 1 次印刷
ISBN 978 - 7 - 208 - 17217 - 3/K · 3105
定　　价　58.00 元